BARÊME GÉNÉRAL

DE LA SOLDE

DE L'INFANTERIE,

OU

Comptes faits, jour par jour, pour chaque grade, de toutes les espèces de solde attribuées aux Légions départementales et aux Régimens suisses au service de France ;

PAR

MM. CHATELAIN ET BERTRAND,

Employés dans les bureaux de l'intendance militaire.

STRASBOURG,

Chez F. G. Levrault, impr. du Roi, rue des Juifs, n.° 33.

1817.

MINISTÈRE DE LA GUERRE.

Lettre adressée par Monsieur l'Intendant militaire Chef de la 4.ᵉ Direction du Ministère de la guerre, à l'Éditeur, et datée de Paris, du 13 Novembre 1817.

Monsieur, S. Exc. le Ministre de la guerre a examiné les feuilles imprimées du Barême général de la Solde de l'Infanterie, que vous lui avez adressées avec un prospectus.

Persuadée que ce travail pourra être très-utile aux comptables, S. Exc. vous invite à le continuer.

Je suis autorisé à vous assurer que S. Exc. contribuera volontiers au succès de votre entreprise, en tout ce qui pourra dépendre de son suffrage.

J'ai l'honneur, etc.

L'Intendant militaire Chef de la 4.ᵉ Direction,

Signé MARTELLIÈRE.

OBSERVATIONS.

SOLDE.

La solde des officiers est calculée et payable par mois, à raison de la douzième partie de la fixation annuelle, et par jour, à raison de la trois-cent-soixantième partie.

Les Officiers doivent donc être payés pour trente jours, chaque mois, quelle que soit leur position. Les deux journées, ou, pour le mois de Février, la journée, ajoutées pour compléter le nombre de trente jours, seront payées sur le pied de la solde due à l'Officier en raison de sa position, le 28 ou le 29, selon que l'année sera ou ne sera pas bissextile.

La solde des sous-officiers et soldats est calculée par jour, dans chaque position, et doit être payée pour les journées effectives de chaque espèce.

La solde des Officiers allant aux hôpitaux ou en revenant est, pour le temps de la route, la même que celle de présence en station et du pied de paix.

La solde des sous-officiers et soldats est, dans la même position, la même que celle de présence à l'hôpital.

Les Officiers en jugement jouissent, pendant la durée de leur détention, d'un tiers de leur solde de station et du pied de paix; et lorsqu'ils sont acquittés, ils sont rappelés du restant de leur traitement.

Le Trésorier jouit de la solde de son grade, lorsque cette solde excède 1200 francs par an.

SUPPLÉMENT DE SOLDE.

Le supplément de solde dans Paris n'est dû qu'aux militaires en service dans cette place. Il n'est point dû pour les journées d'hôpitaux, de mission et de congé.

Le Commandant du corps a droit à une indemnité de représentation de 1800 francs par an; elle est payable avec et comme la solde des Officiers. On n'a point établi de tableau particulier pour cette allocation, qui se trouve être la même que la solde de l'Aumônier en station, page 13, 1.re col.

Le supplément de guerre accordé aux Chirurgiens ne leur est pas dû pour les journées passées hors de l'arrondissement de l'armée et du rassemblement; mais, quand ils passent d'une armée active à une autre, ils en conservent la jouissance sans interruption.

HAUTES-PAIES.

Les sous-officiers et soldats jouissent d'une haute-paie d'ancienneté : elle est accordée pour les journées d'absence comme pour celles de présence, et elle se calcule, comme la solde des Officiers, à raison de trente jours par mois.

INDEMNITÉS.

Logement et Ameublement.

L'indemnité de logement n'est due que lorsque les Officiers ne sont ni campés, ni baraqués, ni logés dans les bâtimens militaires ou autres.

Les Officiers logés dans les bâtimens non meublés ont droit seulement à l'indemnité d'ameublement.

Les indemnités de logement et d'ameublement sont augmentées de moitié en sus pour les Officiers en service ou en garnison à Paris.

Ces indemnités ne doivent être payées qu'aux Officiers présens à leur poste : elles sont néanmoins dues aux membres des conseils de guerre et de révision, pendant la durée de leurs missions, s'ils en jouissaient au moment de leur départ pour ces missions.

Dans le cas de changement de résidence, ces indemnités ne sont pas dues pour le temps de la route.

Les Trésoriers dont les bureaux ne peuvent être placés dans les casernes, reçoivent une indemnité supplémentaire de 10 francs par mois, qui s'accroît à Paris du supplément de moitié en sus, et qui se réduit à 5 francs, lorsque le logement est fourni sans meubles.

Fourrages.

L'indemnité de fourrages est payable pour tous les jours de l'année : elle est payée chaque mois, avec la solde des Officiers. Elle est fixée à un franc par ration.

NOTE.

On a dû, pour les calculs de la solde de MM. les Officiers, et généralement pour toutes les allocations à l'année, prendre le nombre 9 pour dénominateur des fractions, comme étant celui qui offrait toujours des rapports exacts, et on l'a indiqué en tête des colonnes. Si l'on était dans le cas d'augmenter un de ces nombres d'une ou de deux décimales, il faudrait, au lieu d'ajouter des zéros, répéter autant de fois le chiffre qui se trouve dans la colonne des 9.es, et qui est le numérateur de la fraction.

Lorsque la fraction est en millièmes, on rend les nombres dix fois ou cent fois plus grands, en y ajoutant un ou deux zéros.

RÉCAPITULATION
DES TABLEAUX COMPOSANT LE *BARÊME*.

OFFICIERS.
- Colonel.. Page 1
- Lieutenant-Colonel.. 3
- Chef de bataillon et Major.................................. 5
- Adjudant-major.. 7
- Trésorier, Offic- payeur et Aumônier, ou Ministre (*Inf. suisse*). 9
- Porte-Drapeau... 11
- Aumônier (*Infanterie française*) et Juge (*Infanterie suisse*). 13
- Chirurgien-major.
  - jusqu'à dix ans de service............................... 15
  - de dix à vingt ans....................................... 17
- Chirurgien aide-major....................................... 19
- Chirurgien sous-aide-major.................................. 21
- Capitaine de
  - 1.re classe... 23
  - 2.e classe.. 25
  - 3.e classe.. 27
- Lieutenant de
  - 1.re classse.. 29
  - 2.e classe.. 31
- Sous-Lieutenant... 33

TROUPE.
- Petit État-major,
  - Adjudant sous-officier.................................... 35
  - Tambour-major... 37
  - Caporal-tambour... 39
  - Musicien.. 41
  - Maître-ouvrier, Prévôt (*Infanterie suisse*).............. 43
- Compagnies d'élite
  - Sergent-major... 45
  - Sergent et Fourrier....................................... 47
  - Caporal... 49
  - Appointé (*Infanterie suisse*)............................ 51
  - Grenadier et Voltigeur.................................... 53
  - Tambour... 55
- Compagnies du centre
  - Sergent-major... 57
  - Sergent et Fourrier....................................... 59
  - Caporal... 61
  - Appointé (*Infanterie suisse*)............................ 63
  - Fusilier.. 65
  - Tambour... 67
  - Enfant de troupe.. 69

Tableau du supplément pour les distances d'étapes parcourues en un jour en sus de la première, calculé pour tous les grades (*Officiers*) . 71

Même tableau pour la troupe.................................. 73

Tableau de l'indemnité de logement, calculé également pour tous les grades... 75

Même tableau pour l'indemnité d'ameublement.................. 77

Tableau de l'indemnité d'emplacement et de celle d'ameublement des bureaux du Trésorier................................. 79

Tableau de la haute-paie à l'ancienneté...................... 81

Tableau de l'indemnité de fourrages.......................... 83

Tarif de la retenue à exercer, d'après l'ordonnance du 24 Janvier 1816, sur les traitemens au-dessus de 500 francs........... 84

COLONEL

Nombre de jours.	Solde en station et avec vivres de campagne.	Solde en route.	Solde en semestre.	Solde à l'hôpital.	Supplément de solde dans Paris.
	Fr. C. 9ᵉ	Fr. C. 9ᵉ	Fr. C. 9ᵉ	Fr. C. 9ᵉ	Fr. C. 9ᵉ
1	13 88 8	18 88 8	6 94 4	10 88 8	2 77 7
2	27 77 7	37 77 7	13 88 8	21 77 7	5 55 5
3	41 66 6	56 66 6	20 83 3	32 66 6	8 33 3
4	55 55 5	75 55 5	27 77 7	43 55 5	11 11 1
5	69 44 4	94 44 4	34 72 2	54 44 4	13 88 8
6	83 33 3	113 33 3	41 66 6	65 33 3	16 66 6
7	97 22 2	132 22 2	48 61 1	76 22 2	19 44 4
8	111 11 1	151 11 1	55 55 5	87 11 1	22 22 2
9	125 00 0	170 00 0	62 50 0	98 00 0	25 00 0
10	138 88 8	188 88 8	69 44 4	108 88 8	27 77 7
11	152 77 7	207 77 7	76 38 8	119 77 7	30 55 5
12	166 66 6	226 66 6	83 33 3	130 66 6	33 33 3
13	180 55 5	245 55 5	90 27 7	141 55 5	36 11 1
14	194 44 4	264 44 4	97 22 2	152 44 4	38 88 8
15	208 33 3	283 33 3	104 16 6	163 33 3	41 66 6
16	222 22 2	302 22 2	111 11 1	174 22 2	44 44 4
17	236 11 1	321 11 1	118 05 5	185 11 1	47 22 2
18	250 00 0	340 00 0	125 00 0	196 00 0	50 00 0
19	263 88 8	358 88 8	131 94 4	206 88 8	52 77 7
20	277 77 7	377 77 7	138 88 8	217 77 7	55 55 5
21	291 66 6	396 66 6	145 83 3	228 66 6	58 33 3
22	305 55 5	415 55 5	152 77 7	239 55 5	61 11 1
23	319 44 4	434 44 4	159 72 2	250 44 4	63 88 8
24	333 33 3	453 33 3	166 66 6	261 33 3	66 66 6
25	347 22 2	472 22 2	173 61 1	272 22 2	69 44 4
26	361 11 1	491 11 1	180 55 5	283 11 1	72 22 2
27	375 00 0	510 00 0	187 50 0	294 00 0	75 00 0
28	388 88 8	528 88 8	194 44 4	304 88 8	77 77 7
29	402 77 7	547 77 7	201 38 8	315 77 7	80 55 5
30	416 66 6	566 66 6	208 33 3	326 66 6	83 33 3
31	430 55 5	585 55 5	215 27 7	337 55 5	86 11 1
32	444 44 4	604 44 4	222 22 2	348 44 4	88 88 8
33	458 33 3	623 33 3	229 16 6	359 33 3	91 66 6
34	472 22 2	642 22 2	236 11 1	370 22 2	94 44 4
35	486 11 1	661 11 1	243 05 5	381 11 1	97 22 2
36	500 00 0	680 00 0	250 00 0	392 00 0	100 00 0
37	513 88 8	698 88 8	256 94 4	402 88 8	102 77 7
38	527 77 7	717 77 7	263 88 8	413 77 7	105 55 5
39	541 66 6	736 66 6	270 83 3	424 66 6	108 33 3
40	555 55 5	755 55 5	277 77 7	435 55 5	111 11 1
41	569 44 4	774 44 4	284 72 2	446 44 4	113 88 8
42	583 33 3	793 33 3	291 66 6	457 33 3	116 66 6
43	597 22 2	812 22 2	298 61 1	468 22 2	119 44 4
44	611 11 1	831 11 1	305 55 5	479 11 1	122 22 2
45	625 00 0	850 00 0	312 50 0	490 00 0	125 00 0
46	638 88 8	868 88 8	319 44 4	500 88 8	127 77 7
47	652 77 7	887 77 7	326 38 8	511 77 7	130 55 5
48	666 66 6	906 66 6	333 33 3	522 66 6	133 33 3
49	680 55 5	925 55 5	340 27 7	533 55 5	136 11 1
50	694 44 4	944 44 4	347 22 2	544 44 4	138 88 8

A

COLONEL.

Nombre de jours.	Solde en station et avec vivres de campagne.	Solde en route.	Solde en semestre.	Solde à l'hôpital.	Supplément de solde dans Paris.
	Fr. C. 9ᵉ	Fr. C. 9ᵉ	Fr. C. 9ᵉ	Fr. C. 9ᵉ	Fr. C. 9ᵉ
51	708 33 3	963 33 3	354 16 6	555 33 3	141 66 6
52	722 22 2	982 22 2	361 11 1	566 22 2	144 44 4
53	736 11 1	1001 11 1	368 05 5	577 11 1	147 22 2
54	750 00 0	1020 00 0	375 00 0	588 00 0	150 00 0
55	763 88 8	1038 88 8	381 94 4	598 88 8	152 77 7
56	777 77 7	1057 77 7	388 88 8	609 77 7	155 55 5
57	791 66 6	1076 66 6	395 83 3	620 66 6	158 33 3
58	805 55 5	1095 55 5	402 77 7	631 55 5	161 11 1
59	819 44 4	1114 44 4	409 72 2	642 44 4	163 88 8
60	833 33 3	1133 33 3	416 66 6	653 33 3	166 66 6
61	847 22 2	1152 22 2	423 61 1	664 22 2	169 44 4
62	861 11 1	1171 11 1	430 55 5	675 11 1	172 22 2
63	875 00 0	1190 00 0	437 50 0	686 00 0	175 00 0
64	888 88 8	1208 88 8	444 44 4	696 88 8	177 77 7
65	902 77 7	1227 77 7	451 38 8	707 77 7	180 55 5
66	916 66 6	1246 66 6	458 33 3	718 66 6	183 33 3
67	930 55 5	1265 55 5	465 27 7	729 55 5	186 11 1
68	944 44 4	1284 44 4	472 22 2	740 44 4	188 88 8
69	958 33 3	1303 33 3	479 16 6	751 33 3	191 66 6
70	972 22 2	1322 22 2	486 11 1	762 22 2	194 44 4
71	986 11 1	1341 11 1	493 05 5	773 11 1	197 22 2
72	1000 00 0	1360 00 0	500 00 0	784 00 0	200 00 0
73	1013 88 8	1378 88 8	506 94 4	794 88 8	202 77 7
74	1027 77 7	1397 77 7	513 88 8	805 77 7	205 55 5
75	1041 66 6	1416 66 6	520 83 3	816 66 6	208 33 3
76	1055 55 5	1435 55 5	527 77 7	827 55 5	211 11 1
77	1069 44 4	1454 44 4	534 72 2	838 44 4	213 00 0
78	1083 33 3	1473 33 3	541 66 6	849 33 3	216 66 6
79	1097 22 2	1492 22 2	548 61 1	860 22 2	219 44 4
80	1111 11 1	1511 11 1	555 55 5	871 11 1	222 22 2
81	1125 00 0	1530 00 0	562 50 0	882 00 0	225 00 0
82	1138 88 8	1548 88 8	569 44 4	892 88 8	227 77 7
83	1152 77 7	1567 77 7	576 38 8	903 77 7	230 55 5
84	1166 66 6	1586 66 6	583 33 3	914 66 6	233 33 3
85	1180 55 5	1605 55 5	590 27 7	925 55 5	236 11 1
86	1194 44 4	1624 44 4	597 22 2	936 44 4	238 88 8
87	1208 33 3	1643 33 3	604 16 6	947 33 3	241 66 6
88	1222 22 2	1662 22 2	611 11 1	958 22 2	244 44 4
89	1236 11 1	1681 11 1	618 05 5	969 11 1	247 22 2
90	1250 00 0	1700 00 0	625 00 0	980 00 0	250 00 0
91	1263 88 8	1718 88 8	631 94 4	990 88 8	252 77 7
92	1277 77 7	1737 77 7	638 88 8	1001 77 7	255 55 5
93	1291 66 6	1756 66 6	645 83 3	1012 66 6	258 33 3
94	1305 55 5	1775 55 5	652 77 7	1023 55 5	261 11 1
95	1319 44 4	1794 44 4	659 72 2	1034 44 4	263 88 8
96	1333 33 3	1813 33 3	666 66 6	1045 33 3	266 66 6
97	1347 22 2	1832 22 2	673 61 1	1056 22 2	269 44 4
98	1361 11 1	1851 11 1	680 55 5	1067 11 1	272 22 2
99	1375 00 0	1870 00 0	687 50 0	1078 00 0	275 00 0
100	1388 88 8	1888 88 8	694 44 4	1088 88 8	277 77 7

LIEUTENANT-COLONEL.

Nombre de jours.	Solde en station et avec vivres de campagne.	Solde en route.	Solde en semestre.	Solde à l'hôpital.	Supplément de solde dans Paris.
	Fr. C. 9ᵉ	Fr. C. 9ᵉ	Fr. C. 9ᵉ	Fr. C. 9ᵉ	Fr. C. 9ᵉ
1	11 94 4	16 44 4	5 97 2	8 94 4	2 38 8
2	23 88 8	32 88 8	11 94 4	17 88 8	4 77 7
3	35 83 3	49 33 3	17 91 6	26 83 3	7 16 6
4	47 77 7	65 77 7	23 88 8	35 77 7	9 55 5
5	59 72 2	82 22 2	29 86 1	44 72 2	11 94 4
6	71 66 6	98 66 6	35 83 3	53 66 6	14 33 3
7	83 61 1	115 11 1	41 80 5	62 61 1	16 72 2
8	95 55 5	131 55 5	47 77 7	71 55 5	19 11 1
9	107 50 0	148 00 0	53 75 0	80 50 0	21 50 0
10	119 44 4	164 44 4	59 72 2	89 44 4	23 88 8
11	131 38 8	180 88 8	65 69 4	98 38 8	26 27 7
12	143 33 3	197 33 3	71 66 6	107 33 3	28 66 6
13	155 27 7	213 77 7	77 63 8	116 27 7	31 05 5
14	167 22 2	230 22 2	83 61 1	125 22 2	33 44 4
15	179 16 6	246 66 6	89 58 3	134 16 6	35 83 3
16	191 11 1	263 11 1	95 55 5	143 11 1	38 22 2
17	203 05 5	279 55 5	101 52 7	152 05 5	40 61 1
18	215 00 0	296 00 0	107 50 0	161 00 0	43 00 0
19	226 94 4	312 44 4	113 47 2	169 94 4	45 38 8
20	238 88 8	328 88 8	119 44 4	178 88 8	47 77 7
21	250 83 3	345 33 3	125 41 6	187 83 3	50 16 6
22	262 77 7	361 77 7	131 38 8	196 77 7	52 55 5
23	274 72 2	378 22 2	137 36 1	205 72 2	54 94 4
24	286 66 6	394 66 6	143 33 3	214 66 6	57 33 3
25	298 61 1	411 11 1	149 30 5	223 61 1	59 72 2
26	310 55 5	427 55 5	155 27 7	232 55 5	62 11 1
27	322 50 0	444 00 0	161 25 0	241 50 0	64 50 0
28	334 44 4	460 44 4	167 22 2	250 44 4	66 88 8
29	346 38 8	476 88 8	173 19 4	259 38 8	69 27 7
30	358 33 3	493 33 3	179 16 6	268 33 3	71 66 6
31	370 27 7	509 77 7	185 13 8	277 27 7	74 05 5
32	382 22 2	526 22 2	191 11 1	286 22 2	76 44 4
33	394 16 6	542 66 6	197 08 3	295 16 6	78 83 3
34	406 11 1	559 11 1	203 65 5	304 11 1	81 22 2
35	418 05 5	575 55 5	209 02 7	313 05 5	83 61 1
36	430 00 0	592 00 0	215 00 0	322 00 0	86 00 0
37	441 94 4	608 44 4	220 97 2	330 94 4	88 38 8
38	453 88 8	624 88 8	226 94 4	339 88 8	90 77 7
39	465 83 3	641 33 3	232 91 6	348 83 3	93 16 6
40	477 77 7	657 77 7	238 88 8	357 77 7	95 55 5
41	489 72 2	674 22 2	244 86 1	366 72 2	97 94 4
42	501 66 6	690 66 6	250 83 3	375 66 6	100 33 3
43	513 61 1	707 11 1	256 80 5	384 61 1	102 72 2
44	525 55 5	723 55 5	262 77 7	393 55 5	105 11 1
45	537 50 0	740 00 0	268 75 0	402 50 0	107 50 0
46	549 44 4	756 44 4	274 72 2	411 44 4	109 88 8
47	561 38 8	772 88 8	280 69 4	420 38 8	112 27 7
48	573 33 3	789 33 3	286 66 6	429 33 3	114 66 6
49	585 27 7	805 77 7	292 63 8	438 27 7	117 05 5
50	597 22 2	822 22 2	298 61 1	447 22 2	119 44 4

LIEUTENANT-COLONEL

Nombre de jours.	Solde en station et avec vivres de campagne.	Solde en route.	Solde en semestre.	Solde à l'hôpital.	Supplément de solde dans Paris.
	Fr. C. 9ᵉ	Fr. C. 9ᵉ	Fr. C. 9ᵉ	Fr. C. 9ᵉ	Fr. C. 9ᵉ
51	609 16 6	838 66 6	304 58 3	456 16 6	121 83 3
52	621 11 1	855 11 1	310 55 5	465 11 1	124 22 2
53	633 05 5	871 55 5	316 52 7	474 05 5	126 61 1
54	645 00 0	888 00 0	322 50 0	483 00 0	129 00 0
55	656 94 4	904 44 4	328 47 2	491 94 4	131 38 8
56	668 88 8	920 88 8	334 44 4	500 88 8	133 77 7
57	680 83 3	937 33 3	340 41 6	509 83 3	136 16 6
58	692 77 7	953 77 7	346 38 8	518 77 7	138 55 5
59	704 72 2	970 22 2	352 36 1	527 72 2	140 94 4
60	716 66 6	986 66 6	358 33 3	536 66 6	143 33 3
61	728 61 1	1003 11 1	364 30 5	545 61 1	145 72 2
62	740 55 5	1019 55 5	370 27 7	554 55 5	148 11 1
63	752 50 0	1036 00 0	376 25 0	563 50 0	150 50 0
64	764 44 4	1052 44 4	382 22 2	572 44 4	152 88 8
65	776 38 8	1068 88 8	388 19 4	581 38 8	155 27 7
66	788 33 3	1085 33 3	394 16 6	590 33 3	157 66 6
67	800 27 7	1101 77 7	400 13 8	599 27 7	160 05 5
68	812 22 2	1118 22 2	406 11 1	608 22 2	162 44 4
69	824 16 6	1134 66 6	412 08 3	617 16 6	164 83 3
70	836 11 1	1151 11 1	418 05 5	626 11 1	167 22 2
71	848 05 5	1167 55 5	424 02 7	635 05 5	169 61 1
72	860 00 0	1184 00 0	430 00 0	644 00 0	172 00 0
73	871 94 4	1200 44 4	435 97 2	652 94 4	174 38 8
74	883 88 8	1216 88 8	441 94 4	661 88 8	176 77 7
75	895 83 3	1233 33 3	447 91 6	670 83 3	179 16 6
76	907 77 7	1249 77 7	453 88 8	679 77 7	181 55 5
77	919 72 2	1266 22 2	459 86 1	688 72 2	183 94 4
78	931 66 6	1282 66 6	465 83 3	697 66 6	186 33 3
79	943 61 1	1299 11 1	471 80 5	706 61 1	188 72 2
80	955 55 5	1315 55 5	477 77 7	715 55 5	191 11 1
81	967 50 0	1332 00 0	483 75 0	724 50 0	193 50 0
82	979 44 4	1348 44 4	489 72 2	733 44 4	195 88 8
83	991 38 8	1364 88 8	495 69 4	742 38 8	198 27 7
84	1003 33 3	1381 33 3	501 66 6	751 33 3	200 66 6
85	1015 27 7	1397 77 7	507 63 8	760 27 7	203 05 5
86	1027 22 2	1414 22 2	513 61 1	769 22 2	205 44 4
87	1039 16 6	1430 66 6	519 58 3	778 16 6	207 83 3
88	1051 11 1	1447 11 1	525 55 5	787 11 1	210 22 2
89	1063 05 5	1463 55 5	531 52 7	796 05 5	212 61 1
90	1075 00 0	1480 00 0	537 50 0	805 00 0	215 00 0
91	1086 94 4	1496 44 4	543 47 2	813 94 4	217 38 8
92	1098 88 8	1512 88 8	549 44 4	822 88 8	219 77 7
93	1110 83 3	1529 33 3	555 41 6	831 83 3	222 16 6
94	1122 77 7	1545 77 7	561 38 8	840 77 7	224 55 5
95	1134 72 2	1562 22 2	567 36 1	849 72 2	226 94 4
96	1146 66 6	1578 66 6	573 33 3	858 66 6	229 33 3
97	1158 61 1	1595 11 1	579 30 5	867 61 1	231 72 2
98	1170 55 5	1611 55 5	585 27 7	876 55 5	234 11 1
99	1182 50 0	1628 00 0	591 25 0	885 50 0	236 50 0
100	1194 44 4	1644 44 4	597 22 2	894 44 4	238 88 8

CHEF DE BATAILLON ET MAJOR.

Nombre de jours.	Solde en station et avec vivres de campagne.			Solde en route.			Solde en semestre.			Solde à l'hôpital.			Supplément de solde dans Paris.		
	Fr.	C.	9ᵉ	Fr.	C.	9ᵉ	Fr.	C.	9ᵉ	Fr.	C.	9ᵉ	Fr.	C.	9ᵉ
1	10	»	»	14	»	»	5	»	»	7	»	»	2	»	»
2	20	»	»	28	»	»	10	»	»	14	»	»	4	»	»
3	30	»	»	42	»	»	15	»	»	21	»	»	6	»	»
4	40	»	»	56	»	»	20	»	»	28	»	»	8	»	»
5	50	»	»	70	»	»	25	»	»	35	»	»	10	»	»
6	60	»	»	84	»	»	30	»	»	42	»	»	12	»	»
7	70	»	»	98	»	»	35	»	»	49	»	»	14	»	»
8	80	»	»	112	»	»	40	»	»	56	»	»	16	»	»
9	90	»	»	126	»	»	45	»	»	63	»	»	18	»	»
10	100	»	»	140	»	»	50	»	»	70	»	»	20	»	»
11	110	»	»	154	»	»	55	»	»	77	»	»	22	»	»
12	120	»	»	168	»	»	60	»	»	84	»	»	24	»	»
13	130	»	»	182	»	»	65	»	»	91	»	»	26	»	»
14	140	»	»	196	»	»	70	»	»	98	»	»	28	»	»
15	150	»	»	210	»	»	75	»	»	105	»	»	30	»	»
16	160	»	»	224	»	»	80	»	»	112	»	»	32	»	»
17	170	»	»	238	»	»	85	»	»	119	»	»	34	»	»
18	180	»	»	252	»	»	90	»	»	126	»	»	36	»	»
19	190	»	»	266	»	»	95	»	»	133	»	»	38	»	»
20	200	»	»	280	»	»	100	»	»	140	»	»	40	»	»
21	210	»	»	294	»	»	105	»	»	147	»	»	42	»	»
22	220	»	»	308	»	»	110	»	»	154	»	»	44	»	»
23	230	»	»	322	»	»	115	»	»	161	»	»	46	»	»
24	240	»	»	336	»	»	120	»	»	168	»	»	48	»	»
25	250	»	»	350	»	»	125	»	»	175	»	»	50	»	»
26	260	»	»	364	»	»	130	»	»	182	»	»	52	»	»
27	270	»	»	378	»	»	135	»	»	189	»	»	54	»	»
28	280	»	»	392	»	»	140	»	»	196	»	»	56	»	»
29	290	»	»	406	»	»	145	»	»	203	»	»	58	»	»
30	300	»	»	420	»	»	150	»	»	210	»	»	60	»	»
31	310	»	»	434	»	»	155	»	»	217	»	»	62	»	»
32	320	»	»	448	»	»	160	»	»	224	»	»	64	»	»
33	330	»	»	462	»	»	165	»	»	231	»	»	66	»	»
34	340	»	»	476	»	»	170	»	»	238	»	»	68	»	»
35	350	»	»	490	»	»	175	»	»	245	»	»	70	»	»
36	360	»	»	504	»	»	180	»	»	252	»	»	72	»	»
37	370	»	»	518	»	»	185	»	»	259	»	»	74	»	»
38	380	»	»	532	»	»	190	»	»	266	»	»	76	»	»
39	390	»	»	546	»	»	195	»	»	273	»	»	78	»	»
40	400	»	»	560	»	»	200	»	»	280	»	»	80	»	»
41	410	»	»	574	»	»	205	»	»	287	»	»	82	»	»
42	420	»	»	588	»	»	210	»	»	294	»	»	84	»	»
43	430	»	»	602	»	»	215	»	»	301	»	»	86	»	»
44	440	»	»	616	»	»	220	»	»	308	»	»	88	»	»
45	450	»	»	630	»	»	225	»	»	315	»	»	90	»	»
46	460	»	»	644	»	»	230	»	»	322	»	»	92	»	»
47	470	»	»	658	»	»	235	»	»	329	»	»	94	»	»
48	480	»	»	672	»	»	240	»	»	336	»	»	96	»	»
49	490	»	»	686	»	»	245	»	»	343	»	»	98	»	»
50	500	»	»	700	»	»	250	»	»	350	»	»	100	»	»

CHEF DE BATAILLON ET MAJOR.

Nombre de jours	Solde en station et avec vivres de campagne.	Solde en route.	Solde en semestre.	Solde à l'hôpital.	Supplément de solde dans Paris.
	Fr. C. 9ᵉ	Fr. C. 9ᵉ	Fr. C. 9ᵉ	Fr. C. 9ᵉ	Fr. C. 9ᵉ
51	510 = =	714 = =	255 = =	357 = =	102 = =
52	520 = =	728 = =	260 = =	364 = =	104 = =
53	530 = =	742 = =	265 = =	371 = =	106 = =
54	540 = =	756 = =	270 = =	378 = =	108 = =
55	550 = =	770 = =	275 = =	385 = =	110 = =
56	560 = =	784 = =	280 = =	392 = =	112 = =
57	570 = =	798 = =	285 = =	399 = =	114 = =
58	580 = =	812 = =	290 = =	406 = =	116 = =
59	590 = =	826 = =	295 = =	413 = =	118 = =
60	600 = =	840 = =	300 = =	420 = =	120 = =
61	610 = =	854 = =	305 = =	427 = =	122 = =
62	620 = =	868 = =	310 = =	434 = =	124 = =
63	630 = =	882 = =	315 = =	441 = =	126 = =
64	640 = =	896 = =	320 = =	448 = =	128 = =
65	650 = =	910 = =	325 = =	455 = =	130 = =
66	660 = =	924 = =	330 = =	462 = =	132 = =
67	670 = =	938 = =	335 = =	469 = =	134 = =
68	680 = =	952 = =	340 = =	476 = =	136 = =
69	690 = =	966 = =	345 = =	483 = =	138 = =
70	700 = =	980 = =	350 = =	490 = =	140 = =
71	710 = =	994 = =	355 = =	497 = =	142 = =
72	720 = =	1008 = =	360 = =	504 = =	144 = =
73	730 = =	1022 = =	365 = =	511 = =	146 = =
74	740 = =	1036 = =	370 = =	518 = =	148 = =
75	750 = =	1050 = =	375 = =	525 = =	150 = =
76	760 = =	1064 = =	380 = =	532 = =	152 = =
77	770 = =	1078 = =	385 = =	539 = =	154 = =
78	780 = =	1092 = =	390 = =	546 = =	156 = =
79	790 = =	1106 = =	395 = =	553 = =	158 = =
80	800 = =	1120 = =	400 = =	560 = =	160 = =
81	810 = =	1134 = =	405 = =	567 = =	162 = =
82	820 = =	1148 = =	410 = =	574 = =	164 = =
83	830 = =	1162 = =	415 = =	581 = =	166 = =
84	840 = =	1176 = =	420 = =	588 = =	168 = =
85	850 = =	1190 = =	425 = =	595 = =	170 = =
86	860 = =	1204 = =	430 = =	602 = =	172 = =
87	870 = =	1218 = =	435 = =	609 = =	174 = =
88	880 = =	1232 = =	440 = =	616 = =	176 = =
89	890 = =	1246 = =	445 = =	623 = =	178 = =
90	900 = =	1260 = =	450 = =	630 = =	180 = =
91	910 = =	1274 = =	455 = =	637 = =	182 = =
92	920 = =	1288 = =	460 = =	644 = =	184 = =
93	930 = =	1302 = =	465 = =	651 = =	186 = =
94	940 = =	1316 = =	470 = =	658 = =	188 = =
95	950 = =	1330 = =	475 = =	665 = =	190 = =
96	960 = =	1344 = =	480 = =	672 = =	192 = =
97	970 = =	1358 = =	485 = =	679 = =	194 = =
98	980 = =	1372 = =	490 = =	686 = =	196 = =
99	990 = =	1386 = =	495 = =	693 = =	198 = =
100	1000 = =	1400 = =	500 = =	700 = =	200 = =

ADJUDANT-MAJOR.

Nombre de jours.	Solde en station et avec vivres de campagne.	Solde en route.	Solde en semestre.	Solde à l'hôpital.	Supplément de solde dans Paris.
	Fr. C. 9ᵉ	Fr. C. 9ᵉ	Fr. C. 9ᵉ	Fr. C. 9ᵉ	Fr. C. 9ᵉ
1	5 55 5	8 55 5	2 77 7	3 55 5	1 38 8
2	11 11 1	17 11 1	5 55 5	7 11 1	2 77 7
3	16 66 6	25 66 6	8 33 3	10 66 6	4 16 6
4	22 22 2	34 22 2	11 11 1	14 22 2	5 55 5
5	27 77 7	42 77 7	13 88 8	17 77 7	6 94 4
6	33 33 3	51 33 3	16 66 6	21 33 3	8 33 3
7	38 88 8	59 88 8	19 44 4	24 88 8	9 72 2
8	44 44 4	68 44 4	22 22 2	28 44 4	11 11 1
9	50 00 0	77 00 0	25 00 0	32 00 0	12 50 0
10	55 55 5	85 55 5	27 77 7	35 55 5	13 88 8
11	61 11 1	94 11 1	30 55 5	39 11 1	15 27 7
12	66 66 6	102 66 6	33 33 3	42 66 6	16 66 6
13	72 22 2	111 22 2	36 11 1	46 22 2	18 05 5
14	77 77 7	119 77 7	38 88 8	49 77 7	19 44 4
15	83 33 3	128 33 3	41 66 6	53 33 3	20 83 3
16	88 88 8	136 88 8	44 44 4	56 88 8	22 22 2
17	94 44 4	145 44 4	47 22 2	60 44 4	23 61 1
18	100 00 0	154 00 0	50 00 0	64 00 0	25 00 0
19	105 55 5	162 55 5	52 77 7	67 55 5	26 38 8
20	111 11 1	171 11 1	55 55 5	71 11 1	27 77 7
21	116 66 6	179 66 6	58 33 3	74 66 6	29 16 6
22	122 22 2	188 22 2	61 11 1	78 22 2	30 55 5
23	127 77 7	196 77 7	63 88 8	81 77 7	31 94 4
24	133 33 3	205 33 3	66 66 6	85 33 3	33 33 3
25	138 88 8	213 88 8	69 44 4	88 88 8	34 72 2
26	144 44 4	222 44 4	72 22 2	92 44 4	36 11 1
27	150 00 0	231 00 0	75 00 0	96 00 0	37 50 0
28	155 55 5	239 55 5	77 77 7	99 55 5	38 88 8
29	161 11 1	248 11 1	80 55 5	103 11 1	40 27 7
30	166 66 6	256 66 6	83 33 3	106 66 6	41 66 6
31	172 22 2	265 22 2	86 11 1	110 22 2	43 05 5
32	177 77 7	273 77 7	88 88 8	113 77 7	44 44 4
33	183 33 3	282 33 3	91 66 6	117 33 3	45 83 3
34	188 88 8	290 88 8	94 44 4	120 88 8	47 22 2
35	194 44 4	299 44 4	97 22 2	124 44 4	48 61 1
36	200 00 0	308 00 0	100 00 0	128 00 0	50 00 0
37	205 55 5	316 55 5	102 77 7	131 55 5	51 38 8
38	211 11 1	325 11 1	105 55 5	135 11 1	52 77 7
39	216 66 6	333 66 6	108 33 3	138 66 6	54 16 6
40	222 22 2	342 22 2	111 11 1	142 22 2	55 55 5
41	227 77 7	350 77 7	113 88 8	145 77 7	56 94 4
42	233 33 3	359 33 3	116 66 6	149 33 3	58 33 3
43	238 88 8	367 88 8	119 44 4	152 88 8	59 72 2
44	244 44 4	376 44 4	122 22 2	156 44 4	61 11 1
45	250 00 0	385 00 0	125 00 0	160 00 0	62 50 0
46	255 55 5	393 55 5	127 77 7	163 55 5	63 88 8
47	261 11 1	402 11 1	130 55 5	167 11 1	65 27 7
48	266 66 6	410 66 6	133 33 3	170 66 6	66 66 6
49	272 22 2	419 22 2	136 11 1	174 22 2	68 05 5
50	277 77 7	427 77 7	138 88 8	177 77 7	69 44 4

ADJUDANT-MAJOR.

Nombre de jours	Solde en station et avec vivres de campagne.			Solde en route.			Solde en semestre.			Solde à l'hôpital.			Supplément de solde dans Paris.		
	Fr.	C.	9ᵉ	Fr.	C.	9ᵉ	Fr.	C.	9ᵉ	Fr.	C.	9ᵉ	Fr.	C.	9ᵉ
51	283	33	3	436	33	3	141	66	6	181	33	3	70	83	3
52	288	88	8	444	88	8	144	44	4	184	88	8	72	22	2
53	294	44	4	453	44	4	147	22	2	188	44	4	73	61	1
54	300	00	0	462	00	0	150	00	0	192	00	0	75	00	0
55	305	55	5	470	55	5	152	77	7	195	55	5	76	38	8
56	311	11	1	479	11	1	155	55	5	199	11	1	77	77	7
57	316	66	6	487	66	6	158	33	3	202	66	6	79	16	6
58	322	22	2	496	22	2	161	11	1	206	22	2	80	55	5
59	327	77	7	504	77	7	163	88	8	209	77	7	81	94	4
60	333	33	3	513	33	3	166	66	6	213	33	3	83	33	3
61	338	88	8	521	88	8	169	44	4	216	88	8	84	72	2
62	344	44	4	530	44	4	172	22	2	220	44	4	86	11	1
63	350	00	0	539	00	0	175	00	0	224	00	0	87	50	0
64	355	55	5	547	55	5	177	77	7	227	55	5	88	88	8
65	361	11	1	556	11	1	180	55	5	231	11	1	90	27	7
66	366	66	6	564	66	6	183	33	3	234	66	6	91	66	6
67	372	22	2	573	22	2	186	11	1	238	22	2	93	05	5
68	377	77	7	581	77	7	188	88	8	241	77	7	94	44	4
69	383	33	3	590	33	3	191	66	6	245	33	3	95	83	3
70	388	88	8	598	88	8	194	44	4	248	88	8	97	22	2
71	394	44	4	607	44	4	197	22	2	252	44	4	98	61	1
72	400	00	0	616	00	0	200	00	0	256	00	0	100	00	0
73	405	55	5	624	55	5	202	77	7	259	55	5	101	38	8
74	411	11	1	633	11	1	205	55	5	263	11	1	102	77	7
75	416	66	6	641	66	6	208	33	3	266	66	6	104	16	6
76	422	22	2	650	22	2	211	11	1	270	22	2	105	55	5
77	427	77	7	658	77	7	213	88	8	273	77	7	106	04	4
78	433	33	3	667	33	3	216	66	6	277	33	3	108	33	3
79	438	88	8	675	88	8	219	44	4	280	88	8	109	72	2
80	444	44	4	684	44	4	222	22	2	284	44	4	111	11	1
81	450	00	0	693	00	0	225	00	0	288	00	0	112	50	0
82	455	55	5	701	55	5	227	77	7	291	55	5	113	88	8
83	461	11	1	710	11	1	230	55	5	295	11	1	115	27	7
84	466	66	6	718	66	6	233	33	3	298	66	6	116	66	6
85	472	22	2	727	22	2	236	11	1	302	22	2	118	05	5
86	477	77	7	735	77	7	238	88	8	305	77	7	119	44	4
87	483	33	3	744	33	3	241	66	6	309	33	3	120	83	3
88	488	88	8	752	88	8	244	44	4	312	88	8	122	22	2
89	494	44	4	761	44	4	247	22	2	316	44	4	123	61	1
90	500	00	0	770	00	0	250	00	0	320	00	0	125	00	0
91	505	55	5	778	55	5	252	77	7	323	55	5	126	38	8
92	511	11	1	787	11	1	255	55	5	327	11	1	127	77	7
93	516	66	6	795	66	6	258	33	3	330	66	6	129	16	6
94	522	22	2	804	22	2	261	11	1	334	22	2	130	55	5
95	527	77	7	812	77	7	263	88	8	337	77	7	131	94	4
96	533	33	3	821	33	3	266	66	6	341	33	3	133	33	3
97	538	88	8	829	88	8	269	44	4	344	88	8	134	72	2
98	544	44	4	838	44	4	272	22	2	348	44	4	136	11	1
99	550	00	0	847	00	0	275	00	0	352	00	0	137	50	0
100	555	55	5	855	55	5	277	77	7	355	55	5	138	88	8

TRÉSORIER ET OFFICIER PAYEUR,
ou la solde de leur grade, si elle excède 1200 francs.

Nombre de jours.	Solde en station et avec vivres de campagne.			Solde en route.			Solde en semestre.			Solde à l'hôpital.			Supplément de solde dans Paris.		
	Fr.	C.	9ᵉ	Fr.	C.	9ᵉ	Fr.	C.	9ᵉ	Fr.	C.	9ᵉ	Fr.	C.	9ᵉ
1	3	33	3	5	83	3	1	66	6	1	83	3	1	11	1
2	6	66	6	11	66	6	3	33	3	3	66	6	2	22	2
3	10	00	0	17	50	0	5	00	0	5	50	0	3	33	3
4	13	33	3	23	33	3	6	66	6	7	33	3	4	44	4
5	16	66	6	29	16	6	8	33	3	9	16	6	5	55	5
6	20	00	0	35	00	0	10	00	0	11	00	0	6	66	6
7	23	33	3	40	83	3	11	66	6	12	83	3	7	77	7
8	26	66	6	46	66	6	13	33	3	14	66	6	8	88	8
9	30	00	0	52	50	0	15	00	0	16	50	0	10	00	0
10	33	33	3	58	33	3	16	66	6	18	33	3	11	11	1
11	36	66	6	64	16	6	18	33	3	20	16	6	12	22	2
12	40	00	0	70	00	0	20	00	0	22	00	0	13	33	3
13	43	33	3	75	83	3	21	66	6	23	83	3	14	44	4
14	46	66	6	81	66	6	23	33	3	25	66	6	15	55	5
15	50	00	0	87	50	0	25	00	0	27	50	0	16	66	6
16	53	33	3	93	33	3	26	66	6	29	33	3	17	77	7
17	56	66	6	99	16	6	28	33	3	31	16	6	18	88	8
18	60	00	0	105	00	0	30	00	0	33	00	0	20	00	0
19	63	33	3	110	83	3	31	66	6	34	83	3	21	11	1
20	66	66	6	116	66	6	33	33	3	36	66	6	22	22	2
21	70	00	0	122	50	0	35	00	0	38	50	0	23	33	3
22	73	33	3	128	33	3	36	66	6	40	33	3	24	44	4
23	76	66	6	134	16	6	38	33	3	42	16	6	25	55	5
24	80	00	0	140	00	0	40	00	0	44	00	0	26	66	6
25	83	33	3	145	83	3	41	66	6	45	83	3	27	77	7
26	86	66	6	151	66	6	43	33	3	47	66	6	28	88	8
27	90	00	0	157	50	0	45	00	0	49	50	0	30	00	0
28	93	33	3	163	33	3	46	66	6	51	33	3	31	11	1
29	96	66	6	169	16	6	48	33	3	53	16	6	32	22	2
30	100	00	0	175	00	0	50	00	0	55	00	0	33	33	3
31	103	33	3	180	83	3	51	66	6	56	83	3	34	44	4
32	106	66	6	186	66	6	53	33	3	58	66	6	35	55	5
33	110	00	0	192	50	0	55	00	0	60	50	0	36	66	6
34	113	33	3	198	33	3	56	66	6	62	33	3	37	77	7
35	116	66	6	204	16	6	58	33	3	64	16	6	38	88	8
36	120	00	0	210	00	0	60	00	0	66	00	0	40	00	0
37	123	33	3	215	83	3	61	66	6	67	83	3	41	11	1
38	126	66	6	221	66	6	63	33	3	69	66	6	42	22	2
39	130	00	0	227	50	0	65	00	0	71	50	0	43	33	3
40	133	33	3	233	33	3	66	66	6	73	33	3	44	44	4
41	136	66	6	239	16	6	68	33	3	75	16	6	45	55	5
42	140	00	0	245	00	0	70	00	0	77	00	0	46	66	6
43	143	33	3	250	83	3	71	66	6	78	83	3	47	77	7
44	146	66	6	256	66	6	73	33	3	80	66	6	48	88	8
45	150	00	0	262	50	0	75	00	0	82	50	0	50	00	0
46	153	33	3	268	33	3	76	66	6	84	33	3	51	11	1
47	156	66	6	274	16	6	78	33	3	86	16	6	52	22	2
48	160	00	0	280	00	0	80	00	0	88	00	0	53	33	3
49	163	33	3	285	83	3	81	66	6	89	83	3	54	44	4
50	166	66	6	291	66	6	83	33	3	91	66	6	55	55	5

B

TRÉSORIER ET OFFICIER PAYEUR.

Nombre de jours.	Solde en station et avec vivres de campagne.	Solde en route.	Solde en semestre.	Solde à l'hôpital.	Supplément de solde dans Paris.
	Fr. C. 9ᵉ	Fr. C. 9ᵉ	Fr. C. 9ᵉ	Fr. C. 9ᵉ	Fr. C. 9ᵉ
51	170 00 0	297 50 0	85 00 0	93 50 0	56 66 6
52	173 33 3	303 33 3	86 66 6	95 33 3	57 77 7
53	176 66 6	309 16 6	88 33 3	97 16 6	58 88 8
54	180 00 0	315 00 0	90 00 0	99 00 0	60 00 0
55	183 33 3	320 83 3	91 66 6	100 83 3	61 11 1
56	186 66 6	326 66 6	93 33 3	102 66 6	62 22 2
57	190 00 0	332 50 0	95 00 0	104 50 0	63 33 3
58	193 33 3	338 33 3	96 66 6	106 33 3	64 44 4
59	196 66 6	344 16 6	98 33 3	108 16 6	65 55 5
60	200 00 0	350 00 0	100 00 0	110 00 0	66 66 6
61	203 33 3	355 83 3	101 66 6	111 83 3	67 77 7
62	206 66 6	361 66 6	103 33 3	113 66 6	68 88 8
63	210 00 0	367 50 0	105 00 0	115 50 0	70 00 0
64	213 33 3	373 33 3	106 66 6	117 33 3	71 11 1
65	216 66 6	379 16 6	108 33 3	119 16 6	72 22 2
66	220 00 0	385 00 0	110 00 0	121 00 0	73 33 3
67	223 33 3	390 83 3	111 66 6	122 83 3	74 44 4
68	226 66 6	396 66 6	113 33 3	124 66 6	75 55 5
69	230 00 0	402 50 0	115 00 0	126 50 0	76 66 6
70	233 33 3	408 33 3	116 66 6	128 33 3	77 77 7
71	236 66 6	414 16 6	118 33 3	130 16 6	78 88 8
72	240 00 0	420 00 0	120 00 0	132 00 0	80 00 0
73	243 33 3	425 83 3	121 66 6	133 83 3	81 11 1
74	246 66 6	431 66 6	123 33 3	135 66 6	82 22 2
75	250 00 0	437 50 0	125 00 0	137 50 0	83 33 3
76	253 33 3	443 33 3	126 66 6	139 33 3	84 44 4
77	256 66 6	449 16 6	128 33 3	141 16 6	85 55 5
78	260 00 0	455 00 0	130 00 0	143 00 0	86 66 6
79	263 33 3	460 83 3	131 66 6	144 83 3	87 77 7
80	266 66 6	466 66 6	133 33 3	146 66 6	88 88 8
81	270 00 0	472 50 0	135 00 0	148 50 0	90 00 0
82	273 33 3	478 33 3	136 66 6	150 33 3	91 11 1
83	276 66 6	484 16 6	138 33 3	152 16 6	92 22 2
84	280 00 0	490 00 0	140 00 0	154 00 0	93 33 3
85	283 33 3	495 83 3	141 66 6	155 83 3	94 44 4
86	286 66 6	501 66 6	143 33 3	157 66 6	95 55 5
87	290 00 0	507 50 0	145 00 0	159 50 0	96 66 6
88	293 33 3	513 33 3	146 66 6	161 33 3	97 77 7
89	296 66 6	519 16 6	148 33 3	163 16 6	98 88 8
90	300 00 0	525 00 0	150 00 0	165 00 0	100 00 0
91	303 33 3	530 83 3	151 66 6	166 83 3	101 11 1
92	306 66 6	536 66 6	153 33 3	168 66 6	102 22 2
93	310 00 0	542 50 0	155 00 0	170 50 0	103 33 3
94	313 33 3	548 33 3	156 66 6	172 33 3	104 44 4
95	316 66 6	554 16 6	158 33 3	174 16 6	105 55 5
96	320 00 0	560 00 0	160 00 0	176 00 0	106 66 6
97	323 33 3	565 83 3	161 66 6	177 83 3	107 77 7
98	326 66 6	571 66 6	163 33 3	179 66 6	108 88 8
99	330 00 0	577 50 0	165 00 0	181 50 0	110 00 0
100	333 33 3	583 33 3	166 66 6	183 33 3	111 11 1

PORTE-DRAPEAU.

Nombre de jours.	Solde en station et avec vivres de campagne.	Solde en route.	Solde en semestre.	Solde à l'hôpital.	Supplément de solde dans Paris.
	Fr. C. 9ᵉ	Fr. C. 9ᵉ	Fr. C. 9ᵉ	Fr. C. 9ᵉ	Fr. C. 9ᵉ
1	3 47 2	5 97 2	1 73 6	1 97 2	1 15 7
2	6 94 4	11 94 4	3 47 3	3 94 4	2 31 5
3	10 41 6	17 91 6	5 21 0	5 91 6	3 47 3
4	13 88 8	23 88 8	6 94 6	7 88 8	4 63 1
5	17 36 1	29 86 1	8 68 3	9 86 1	5 78 8
6	20 83 3	35 83 3	10 42 0	11 83 3	6 94 6
7	24 30 5	41 80 5	12 15 6	13 80 5	8 10 4
8	27 77 7	47 77 7	13 89 3	15 77 7	9 26 2
9	31 25 0	53 75 0	15 63 0	17 75 0	10 42 0
10	34 72 2	59 72 2	17 36 6	19 72 2	11 57 7
11	38 19 4	65 69 4	19 10 3	21 69 4	12 73 5
12	41 66 6	71 66 6	20 84 0	23 66 6	13 89 3
13	45 13 8	77 63 8	22 57 6	25 63 8	15 05 1
14	48 61 1	83 61 1	24 31 3	27 61 1	16 20 8
15	52 08 3	89 58 3	26 05 0	29 58 3	17 36 6
16	55 55 5	95 55 5	27 78 6	31 55 5	18 52 4
17	59 02 7	101 52 7	29 52 3	33 52 7	19 68 2
18	62 50 0	107 50 0	31 26 0	35 50 0	20 84 0
19	65 97 2	113 47 2	32 99 6	37 47 2	21 99 7
20	69 44 4	119 44 4	34 73 3	39 44 4	23 15 5
21	72 91 6	125 41 6	36 47 0	41 41 6	24 31 3
22	76 38 8	131 38 8	38 20 6	43 38 8	25 47 1
23	79 86 1	137 36 1	39 94 3	45 36 1	26 62 8
24	83 33 3	143 33 3	41 68 0	47 33 3	27 78 6
25	86 80 5	149 30 5	43 41 6	49 30 5	28 94 4
26	90 27 7	155 27 7	45 15 3	51 27 7	30 10 2
27	93 75 0	161 25 0	46 89 0	53 25 0	31 26 0
28	97 22 2	167 22 2	48 62 6	55 22 2	32 41 7
29	100 69 4	173 19 4	50 36 3	57 19 4	33 57 5
30	104 16 6	179 16 6	52 10 0	59 16 6	34 73 3
31	107 63 8	185 13 8	53 83 6	61 13 8	35 89 1
32	111 11 1	191 11 1	55 57 3	63 11 1	37 04 8
33	114 58 3	197 08 3	57 31 0	65 08 3	38 20 6
34	118 05 5	203 05 5	59 04 6	67 05 5	39 36 4
35	121 52 7	209 02 7	60 78 3	69 02 7	40 52 2
36	125 00 0	215 00 0	62 52 0	71 00 0	41 68 0
37	128 47 2	220 97 2	64 25 6	72 97 2	42 83 7
38	131 94 4	226 94 4	65 99 3	74 94 4	43 99 5
39	135 41 6	232 91 6	67 73 0	76 91 6	45 15 3
40	138 88 8	238 88 8	69 46 6	78 88 8	46 31 1
41	142 36 1	244 86 1	71 20 3	80 86 1	47 46 8
42	145 83 3	250 83 3	72 94 0	82 83 3	48 62 6
43	149 30 5	256 80 5	74 67 6	84 80 5	49 78 4
44	152 77 7	262 77 7	76 41 3	86 77 7	50 94 2
45	156 25 0	268 75 0	78 15 0	88 75 0	52 10 0
46	159 72 2	274 72 2	79 88 6	90 72 2	53 25 7
47	163 19 4	280 69 4	81 62 3	92 69 4	54 41 5
48	166 66 6	286 66 6	83 36 0	94 66 6	55 57 3
49	170 13 8	292 63 8	85 09 6	96 63 8	56 73 1
50	173 61 1	298 61 1	86 83 3	98 61 1	57 88 8

PORTE-DRAPEAU.

Nombre de jours.	Solde en station et avec vivres de campagne.	Solde en route.	Solde en semestre.	Solde à l'hôpital.	Supplément de solde dans Paris.
	Fr. C. 9e	Fr. C. 9e	Fr. C. 9e	Fr. C. 9e	Fr. C. 9e
51	177 08 3	304 58 3	88 57 0	100 58 3	59 04 6
52	180 55 5	310 55 5	90 30 6	102 55 5	60 20 4
53	184 02 7	316 52 7	92 04 3	104 52 7	61 36 2
54	187 50 0	322 50 0	93 78 0	106 50 0	62 52 0
55	190 97 2	328 47 2	95 51 6	108 47 2	63 67 7
56	194 44 4	334 44 4	97 25 3	110 44 4	64 83 5
57	197 91 6	340 41 6	98 99 0	112 41 6	65 99 3
58	201 38 8	346 38 8	100 72 6	114 38 8	67 15 1
59	204 86 1	352 36 1	102 46 3	116 36 1	68 30 8
60	208 33 3	358 33 3	104 20 0	118 33 3	69 46 6
61	211 80 5	364 30 5	105 93 6	120 30 5	70 62 4
62	215 27 7	370 27 7	107 67 3	122 27 7	71 78 2
63	218 75 0	376 25 0	109 41 0	124 25 0	72 94 0
64	222 22 2	382 22 2	111 14 6	126 22 2	74 09 7
65	225 69 4	388 19 4	112 88 3	128 19 4	75 25 5
66	229 16 6	394 16 6	114 62 0	130 16 6	76 41 3
67	232 63 8	400 13 8	116 35 6	132 13 8	77 57 1
68	236 11 1	406 11 1	118 09 3	134 11 1	78 72 8
69	239 58 3	412 08 3	119 83 0	136 08 3	79 88 6
70	243 05 5	418 05 5	121 56 6	138 05 5	81 04 4
71	246 52 7	424 02 7	123 30 3	140 02 7	82 20 2
72	250 00 0	430 00 0	125 04 0	142 00 0	83 36 0
73	253 47 2	435 97 2	126 77 6	143 97 2	84 51 7
74	256 94 4	441 94 4	128 51 3	145 94 4	85 67 5
75	260 41 6	447 91 6	130 25 0	147 91 6	86 83 3
76	263 88 8	453 88 8	131 98 6	149 88 8	87 99 1
77	267 36 1	459 86 1	133 72 3	151 86 1	89 14 8
78	270 83 3	465 83 3	135 46 0	153 83 3	90 30 6
79	274 30 5	471 80 5	137 19 6	155 80 5	91 46 4
80	277 77 7	477 77 7	138 93 3	157 77 7	92 62 2
81	281 25 0	483 75 0	140 67 0	159 75 0	93 78 0
82	284 72 2	489 72 2	142 40 6	161 72 2	94 93 7
83	288 19 4	495 69 4	144 14 3	163 69 4	96 09 5
84	291 66 6	501 66 6	145 88 0	165 66 6	97 25 3
85	295 13 8	507 63 8	147 61 6	167 63 8	98 41 1
86	298 61 1	513 61 1	149 35 3	169 61 1	99 56 8
87	302 08 3	519 58 3	151 09 0	171 58 3	100 72 6
88	305 55 5	525 55 5	152 82 6	173 55 5	101 88 4
89	309 02 7	531 52 7	154 56 3	175 52 7	103 04 2
90	312 50 0	537 50 0	156 30 0	177 50 0	104 20 0
91	315 97 2	543 47 2	158 03 6	179 47 2	105 35 7
92	319 44 4	549 44 4	159 77 3	181 44 4	106 51 5
93	322 91 6	555 41 6	161 51 0	183 41 6	107 67 3
94	326 38 8	561 38 8	163 24 6	185 38 8	108 83 1
95	329 86 1	567 36 1	164 98 3	187 36 1	109 98 8
96	333 33 3	573 33 3	166 72 0	189 33 3	111 14 6
97	336 80 5	579 30 5	168 45 6	191 30 5	112 30 4
98	340 27 7	585 27 7	170 19 3	193 27 7	113 46 2
99	343 75 0	591 25 0	171 93 0	195 25 0	114 62 0
100	347 22 2	597 22 2	173 66 6	197 22 2	115 77 7

AUMONIER.

Nombre de jours.	Solde en station et avec vivres de campagne.		Solde en route.		Solde en semestre.		Solde à l'hôpital.		Supplément de solde dans Paris.	
	Fr.	C.	Fr.	C.	Fr.	C.	Fr.	C.	Fr.	C.
1	5	=	8	=	2	50	3	=	1	25
2	10	=	16	=	5	=	6	=	2	50
3	15	=	24	=	7	50	9	=	3	75
4	20	=	32	=	10	=	12	=	5	=
5	25	=	40	=	12	50	15	=	6	25
6	30	=	48	=	15	=	18	=	7	50
7	35	=	56	=	17	50	21	=	8	75
8	40	=	64	=	20	=	24	=	10	=
9	45	=	72	=	22	50	27	=	11	25
10	50	=	80	=	25	=	30	=	12	50
11	55	=	88	=	27	50	33	=	13	75
12	60	=	96	=	30	=	36	=	15	=
13	65	=	104	=	32	50	39	=	16	25
14	70	=	112	=	35	=	42	=	17	50
15	75	=	120	=	37	50	45	=	18	75
16	80	=	128	=	40	=	48	=	20	=
17	85	=	136	=	42	50	51	=	21	25
18	90	=	144	=	45	=	54	=	22	50
19	95	=	152	=	47	50	57	=	23	75
20	100	=	160	=	50	=	60	=	25	=
21	105	=	168	=	52	50	63	=	26	25
22	110	=	176	=	55	=	66	=	27	50
23	115	=	184	=	57	50	69	=	28	75
24	120	=	192	=	60	=	72	=	30	=
25	125	=	200	=	62	50	75	=	31	25
26	130	=	208	=	65	=	78	=	32	50
27	135	=	216	=	67	50	81	=	33	75
28	140	=	224	=	70	=	84	=	35	=
29	145	=	232	=	72	50	87	=	36	25
30	150	=	240	=	75	=	90	=	37	50
31	155	=	248	=	77	50	93	=	38	75
32	160	=	256	=	80	=	96	=	40	=
33	165	=	264	=	82	50	99	=	41	25
34	170	=	272	=	85	=	102	=	42	50
35	175	=	280	=	87	50	105	=	43	75
36	180	=	288	=	90	=	108	=	45	=
37	185	=	296	=	92	50	111	=	46	25
38	190	=	304	=	95	=	114	=	47	50
39	195	=	312	=	97	50	117	=	48	75
40	200	=	320	=	100	=	120	=	50	=
41	205	=	328	=	102	50	123	=	51	25
42	210	=	336	=	105	=	126	=	52	50
43	215	=	344	=	107	50	129	=	53	75
44	220	=	352	=	110	=	132	=	55	=
45	225	=	360	=	112	50	135	=	56	25
46	230	=	368	=	115	=	138	=	57	50
47	235	=	376	=	117	50	141	=	58	75
48	240	=	384	=	120	=	144	=	60	=
49	245	=	392	=	122	50	147	=	61	25
50	250	=	400	=	125	=	150	=	62	50

AUMONIER.

Nombre de jours.	Solde en station et avec vivres de campagne.		Solde en route.		Solde en semestre.		Solde à l'hôpital.		Supplément de solde dans Paris.	
	Fr.	C.	Fr.	C.	Fr.	C.	Fr.	C.	Fr.	C.
51	255	»	408	»	127	50	153	»	63	75
52	260	»	416	»	130	»	156	»	65	»
53	265	»	424	»	132	50	159	»	66	25
54	270	»	432	»	135	»	162	»	67	50
55	275	»	440	»	137	50	165	»	68	75
56	280	»	448	»	140	»	168	»	70	»
57	285	»	456	»	142	50	171	»	71	25
58	290	»	464	»	145	»	174	»	72	50
59	295	»	472	»	147	50	177	»	73	75
60	300	»	480	»	150	»	180	»	75	»
61	305	»	488	»	152	50	183	»	76	25
62	310	»	496	»	155	»	186	»	77	50
63	315	»	504	»	157	50	189	»	78	75
64	320	»	512	»	160	»	192	»	80	»
65	325	»	520	»	162	50	195	»	81	25
66	330	»	528	»	165	»	198	»	82	50
67	335	»	536	»	167	50	201	»	83	75
68	340	»	544	»	170	»	204	»	85	»
69	345	»	552	»	172	50	207	»	86	25
70	350	»	560	»	175	»	210	»	87	50
71	355	»	568	»	177	50	213	»	88	75
72	360	»	576	»	180	»	216	»	90	»
73	365	»	584	»	182	50	219	»	91	25
74	370	»	592	»	185	»	222	»	92	50
75	375	»	600	»	187	50	225	»	93	75
76	380	»	608	»	190	»	228	»	95	»
77	385	»	616	»	192	50	231	»	96	25
78	390	»	624	»	195	»	234	»	97	50
79	395	»	632	»	197	50	237	»	98	75
80	400	»	640	»	200	»	240	»	100	»
81	405	»	648	»	202	50	243	»	101	25
82	410	»	656	»	205	»	246	»	102	50
83	415	»	664	»	207	50	249	»	103	75
84	420	»	672	»	210	»	252	»	105	»
85	425	»	680	»	212	50	255	»	106	25
86	430	»	688	»	215	»	258	»	107	50
87	435	»	696	»	217	50	261	»	108	75
88	440	»	704	»	220	»	264	»	110	»
89	445	»	712	»	222	50	267	»	111	25
90	450	»	720	»	225	»	270	»	112	50
91	455	»	728	»	227	50	273	»	113	75
92	460	»	736	»	230	»	276	»	115	»
93	465	»	744	»	232	50	279	»	116	25
94	470	»	752	»	235	»	282	»	117	50
95	475	»	760	»	237	50	285	»	118	75
96	480	»	768	»	240	»	288	»	120	»
97	485	»	776	»	242	50	291	»	121	25
98	490	»	784	»	245	»	294	»	122	50
99	495	»	792	»	247	50	297	»	123	75
100	500	»	800	»	250	»	300	»	125	»

CHIRURGIEN-MAJOR,
jusqu'à 10 ans de service.

Nombre de jours.	Solde aux armées actives sur le pied de guerre.	Solde en station et avec vivres de campagne.	Solde en route.	Solde en semestre.	Solde à l'hôpital.	Supplément de solde dans Paris.
	Fr. C. 9ᵉ	Fr. C. 9ᵉ	Fr. C. 9ᵉ	Fr. C. 9ᵉ	Fr. C. 9ᵉ	Fr. C. 9ᵉ
1	8 33 3	5 55 5	8 55 5	2 77 7	3 95 5	1 38 8
2	16 66 6	11 11 1	17 11 1	5 55 5	7 91 1	2 77 7
3	25 00 0	16 66 6	25 66 6	8 33 3	11 86 6	4 16 6
4	33 33 3	22 22 2	34 22 2	11 11 1	15 82 2	5 55 5
5	41 66 6	27 77 7	42 77 7	13 88 8	19 77 7	6 94 4
6	50 00 0	33 33 3	51 33 3	16 66 6	23 73 3	8 33 3
7	58 33 3	38 88 8	59 88 8	19 44 4	27 68 8	9 72 2
8	66 66 6	44 44 4	68 44 4	22 22 2	31 64 4	11 11 1
9	75 00 0	50 00 0	77 00 0	25 00 0	35 60 0	12 50 0
10	83 33 3	55 55 5	85 55 5	27 77 7	39 55 5	13 88 8
11	91 66 6	61 11 1	94 11 1	30 55 5	43 51 1	15 27 7
12	100 00 0	66 66 6	102 66 6	33 33 3	47 46 6	16 66 6
13	108 33 3	72 22 2	111 22 2	36 11 1	51 42 2	18 05 5
14	116 66 6	77 77 7	119 77 7	38 88 8	55 37 7	19 44 4
15	125 00 0	83 33 3	128 33 3	41 66 6	59 33 3	20 83 3
16	133 33 3	88 88 8	136 88 8	44 44 4	63 28 8	22 22 2
17	141 66 6	94 44 4	145 44 4	47 22 2	67 24 4	23 61 1
18	150 00 0	100 00 0	154 00 0	50 00 0	71 20 0	25 00 0
19	158 33 3	105 55 5	162 55 5	52 77 7	75 15 5	26 38 8
20	166 66 6	111 11 1	171 11 1	55 55 5	79 11 1	27 77 7
21	175 00 0	116 66 6	179 66 6	58 33 3	83 06 6	29 16 6
22	183 33 3	122 22 2	188 22 2	61 11 1	87 02 2	30 55 5
23	191 66 6	127 77 7	196 77 7	63 88 8	90 97 7	31 94 4
24	200 00 0	133 33 3	205 33 3	66 66 6	94 93 3	33 33 3
25	208 33 3	138 88 8	213 88 8	69 44 4	98 88 8	34 72 2
26	216 66 6	144 44 4	222 44 4	72 22 2	102 84 4	36 11 1
27	225 00 0	150 00 0	231 00 0	75 00 0	106 80 0	37 50 0
28	233 33 3	155 55 5	239 55 5	77 77 7	110 75 5	38 88 8
29	241 66 6	161 11 1	248 11 1	80 55 5	114 71 1	40 27 7
30	250 00 0	166 66 6	256 66 6	83 33 3	118 66 6	41 66 6
31	258 33 3	172 22 2	265 22 2	86 11 1	122 62 2	43 05 5
32	266 66 6	177 77 7	273 77 7	88 88 8	126 57 7	44 44 4
33	275 00 0	183 33 3	282 33 3	91 66 6	130 53 3	45 83 3
34	283 33 3	188 88 8	290 88 8	94 44 4	134 48 8	47 22 2
35	291 66 6	194 44 4	299 44 4	97 22 2	138 44 4	48 61 1
36	300 00 0	200 00 0	308 00 0	100 00 0	142 40 0	50 00 0
37	308 33 3	205 55 5	316 55 5	102 77 7	146 35 5	51 38 8
38	316 66 6	211 11 1	325 11 1	105 55 5	150 31 1	52 77 7
39	325 00 0	216 66 6	333 66 6	108 33 3	154 26 6	54 16 6
40	333 33 3	222 22 2	342 22 2	111 11 1	158 22 2	55 55 5
41	341 66 6	227 77 7	350 77 7	113 88 8	162 17 7	56 94 4
42	350 00 0	233 33 3	359 33 3	116 66 6	166 13 3	58 33 3
43	358 33 3	238 88 8	367 88 8	119 44 4	170 08 8	59 72 2
44	366 66 6	244 44 4	376 44 4	122 22 2	174 04 4	61 11 1
45	375 00 0	250 00 0	385 00 0	125 00 0	178 00 0	62 50 0
46	383 33 3	255 55 5	393 55 5	127 77 7	181 95 5	63 88 8
47	391 66 6	261 11 1	402 11 1	130 55 5	185 91 1	65 27 7
48	400 00 0	266 66 6	410 66 6	133 33 3	189 86 6	66 66 6
49	408 33 3	272 22 2	419 22 2	136 11 1	193 82 2	68 05 5
50	416 66 6	277 77 7	427 77 7	138 88 8	197 77 7	69 44 4

CHIRURGIEN-MAJOR,
jusqu'à 10 ans de service.

Nombre de jours.	Solde aux armées actives sur le pied de guerre.			Solde en station et avec vivres de campagne.			Solde en route.			Solde en semestre.			Solde à l'hôpital.			Supplément de solde dans Paris.		
	Fr.	C.	9ᵉ	Fr.	C.	9ᵉ	Fr.	C.	9ᵉ	Fr.	C.	9ᵉ	Fr.	C.	9ᵉ	Fr.	C.	9ᵉ
51	425	00	0	283	33	3	436	33	3	141	66	6	201	73	3	70	83	3
52	433	33	3	288	88	8	444	88	8	144	44	4	205	68	8	72	22	2
53	441	66	6	294	44	4	453	44	4	147	22	2	209	64	4	73	61	1
54	450	00	0	300	00	0	462	00	0	150	00	0	213	60	0	75	00	0
55	458	33	3	305	55	5	470	55	5	152	77	7	217	55	5	76	38	8
56	466	66	6	311	11	1	479	11	1	155	55	5	221	51	1	77	77	7
57	475	00	0	316	66	6	487	66	6	158	33	3	225	46	6	79	16	6
58	483	33	3	322	22	2	496	22	2	161	11	1	229	42	2	80	55	5
59	491	66	6	327	77	7	504	77	7	163	88	8	233	37	7	81	94	4
60	500	00	0	333	33	3	513	33	3	166	66	6	237	33	3	83	33	3
61	508	33	3	338	88	8	521	88	8	169	44	4	241	28	8	84	72	2
62	516	66	6	344	44	4	530	44	4	172	22	2	245	24	4	86	11	1
63	525	00	0	350	00	0	539	00	0	175	00	0	249	20	0	87	50	0
64	533	33	3	355	55	5	547	55	5	177	77	7	253	15	5	88	88	8
65	541	66	6	361	11	1	556	11	1	180	55	5	257	11	1	90	27	7
66	550	00	0	366	66	6	564	66	6	183	33	3	261	06	6	91	66	6
67	558	33	3	372	22	2	573	22	2	186	11	1	265	02	2	93	05	5
68	566	66	6	377	77	7	581	77	7	188	88	8	268	97	7	94	44	4
69	575	00	0	383	33	3	590	33	3	191	66	6	272	93	3	95	83	3
70	583	33	3	388	88	8	598	88	8	194	44	4	276	88	8	97	22	2
71	591	66	6	394	44	4	607	44	4	197	22	2	280	84	4	98	61	1
72	600	00	0	400	00	0	616	00	0	200	00	0	284	80	0	100	00	0
73	608	33	3	405	55	5	624	55	5	202	77	7	288	75	5	101	38	8
74	616	66	6	411	11	1	633	11	1	205	55	5	292	71	1	102	77	7
75	625	00	0	416	66	6	641	66	6	208	33	3	296	66	6	104	16	6
76	633	33	3	422	22	2	650	22	2	211	11	1	300	62	2	105	55	5
77	641	66	6	427	77	7	658	77	7	213	88	8	304	57	7	106	94	4
78	650	00	0	433	33	3	667	33	3	216	66	6	308	53	3	108	33	3
79	658	33	3	438	88	8	675	88	8	219	44	4	312	48	8	109	72	2
80	666	66	6	444	44	4	684	44	4	222	22	2	316	44	4	111	11	1
81	675	00	0	450	00	0	693	00	0	225	00	0	320	40	0	112	50	0
82	683	33	3	455	55	5	701	55	5	227	77	7	324	35	5	113	88	8
83	691	66	6	461	11	1	710	11	1	230	55	5	328	31	1	115	27	7
84	700	00	0	466	66	6	718	66	6	233	33	3	332	26	6	116	66	6
85	708	33	3	472	22	2	727	22	2	236	11	1	336	22	2	118	05	5
86	716	66	6	477	77	7	735	77	7	238	88	8	340	17	7	119	44	4
87	725	00	0	483	33	3	744	33	3	241	66	6	344	13	3	120	83	3
88	733	33	3	488	88	8	752	88	8	244	44	4	348	08	8	122	22	2
89	741	66	6	494	44	4	761	44	4	247	22	2	352	04	4	123	61	1
90	750	00	0	500	00	0	770	00	0	250	00	0	356	00	0	125	00	0
91	758	33	3	505	55	5	778	55	5	252	77	7	359	95	5	126	38	8
92	766	66	6	511	11	1	787	11	1	255	55	5	363	91	1	127	77	7
93	775	00	0	516	66	6	795	66	6	258	33	3	367	86	6	129	16	6
94	783	33	3	522	22	2	804	22	2	261	11	1	371	82	2	130	55	5
95	791	66	6	527	77	7	812	77	7	263	88	8	375	77	7	131	94	4
96	800	00	0	533	33	3	821	33	3	266	66	6	379	73	3	133	33	3
97	808	33	3	538	88	8	829	88	8	269	44	4	383	68	8	134	72	2
98	816	66	6	544	44	4	838	44	4	272	22	2	387	64	4	136	11	1
99	825	00	0	550	00	0	847	00	0	275	00	0	391	60	0	137	50	0
100	833	33	3	555	55	5	855	55	5	277	77	7	395	55	5	138	88	8

CHIRURGIEN-MAJOR,
de 10 à 20 ans de service.

Nombre de jours.	Solde aux armées actives sur le pied de guerre.	Solde en station et avec vivres de campagne.	Solde en route.	Solde en semestre.	Solde à l'hôpital.	Supplément de solde dans Paris.
	Fr. C. 9ᵉ	Fr. C. 9ᵉ	Fr. C. 9ᵉ	Fr. C. 9ᵉ	Fr. C. 9ᵉ	Fr. C. 9ᵉ
1	9 16 6	6 11 1	9 11 1	3 05 5	4 51 1	1 52 7
2	18 33 3	12 22 2	18 22 2	6 11 1	9 02 2	3 05 5
3	27 50 0	18 33 3	27 33 3	9 16 6	13 53 3	4 58 3
4	36 66 6	24 44 4	36 44 4	12 22 2	18 04 4	6 11 1
5	45 83 3	30 55 5	45 55 5	15 27 7	22 55 5	7 63 8
6	55 00 0	36 66 6	54 66 6	18 33 3	27 06 6	9 16 6
7	64 16 6	42 77 7	63 77 7	21 38 8	31 57 7	10 69 4
8	73 33 3	48 88 8	72 88 8	24 44 4	36 08 8	12 22 2
9	82 50 0	55 00 0	82 00 0	27 50 0	40 60 0	13 75 0
10	91 66 6	61 11 1	91 11 1	30 55 5	45 11 1	15 27 7
11	100 83 3	67 22 2	100 22 2	33 61 1	49 62 2	16 80 5
12	110 00 0	73 33 3	109 33 3	36 66 6	54 13 3	18 33 3
13	119 16 6	79 44 4	118 44 4	39 72 2	58 64 4	19 86 1
14	128 33 3	85 55 5	127 55 5	42 77 7	63 15 5	21 38 8
15	137 50 0	91 66 6	136 66 6	45 83 3	67 66 6	22 91 6
16	146 66 6	97 77 7	145 77 7	48 88 8	72 17 7	24 44 4
17	155 83 3	103 88 8	154 88 8	51 94 4	76 68 8	25 97 2
18	165 00 0	110 00 0	164 00 0	55 00 0	81 20 0	27 50 0
19	174 16 6	116 11 1	173 11 1	58 05 5	85 71 1	29 02 7
20	183 33 3	122 22 2	182 22 2	61 11 1	90 22 2	30 55 5
21	192 50 0	128 33 3	191 33 3	64 16 6	94 73 3	32 08 3
22	201 66 6	134 44 4	200 44 4	67 22 2	99 24 4	33 61 1
23	210 83 3	140 55 5	209 55 5	70 27 7	103 75 5	35 13 8
24	220 00 0	146 66 6	218 66 6	73 33 3	108 26 6	36 66 6
25	229 16 6	152 77 7	227 77 7	76 38 8	112 77 7	38 19 4
26	238 33 3	158 88 8	236 88 8	79 44 4	117 28 8	39 72 2
27	247 50 0	165 00 0	246 00 0	82 50 0	121 80 0	41 25 0
28	256 66 6	171 11 1	255 11 1	85 55 5	126 31 1	42 77 7
29	265 83 3	177 22 2	264 22 2	88 61 1	130 82 2	44 30 5
30	275 00 0	183 33 3	273 33 3	91 66 6	135 33 3	45 83 3
31	284 16 6	189 44 4	282 44 4	94 72 2	139 84 4	47 36 1
32	293 33 3	195 55 5	291 55 5	97 77 7	144 35 5	48 88 8
33	302 50 0	201 66 6	300 66 6	100 83 3	148 86 6	50 41 6
34	311 66 6	207 77 7	309 77 7	103 88 8	153 37 7	51 94 4
35	320 83 3	213 88 8	318 88 8	106 94 4	157 88 8	53 47 2
36	330 00 0	220 00 0	328 00 0	110 00 0	162 40 0	55 00 0
37	339 16 6	226 11 1	337 11 1	113 05 5	166 91 1	56 52 7
38	348 33 3	232 22 2	346 22 2	116 11 1	171 42 2	58 05 5
39	357 50 0	238 33 3	355 33 3	119 16 6	175 93 3	59 58 3
40	366 66 6	244 44 4	364 44 4	122 22 2	180 44 4	61 11 1
41	375 83 3	250 55 5	373 55 5	125 27 7	184 95 5	62 63 8
42	385 00 0	256 66 6	382 66 6	128 33 3	189 46 6	64 16 6
43	394 16 6	262 77 7	391 77 7	131 38 8	193 97 7	65 69 4
44	403 33 3	268 88 8	400 88 8	134 44 4	198 48 8	67 22 2
45	412 50 0	275 00 0	410 00 0	137 50 0	203 00 0	68 74 9
46	421 66 6	281 11 1	419 11 1	140 55 5	207 51 1	70 27 7
47	430 83 3	287 22 2	428 22 2	143 61 1	212 02 2	71 80 5
48	440 00 0	293 33 3	437 33 3	146 66 6	216 53 3	73 33 3
49	449 16 6	299 44 4	446 44 4	149 72 2	221 04 4	74 86 1
50	458 33 3	305 55 5	455 55 5	152 77 7	225 55 5	76 38 8

CHIRURGIEN-MAJOR,
de 10 à 20 ans de service.

Nombre de jours.	Solde aux armées actives sur le pied de guerre.	Solde en station et avec vivres de campagne.	Solde en route.	Solde en semestre.	Solde à l'hôpital.	Supplément de solde dans Paris.
	Fr. C. 9ᵉ	Fr. C. 9ᵉ	Fr. C. 9ᵉ	Fr. C. 9ᵉ	Fr. C. 9ᵉ	Fr. C. 9ᵉ
51	467 50 0	311 66 6	464 66 6	155 83 3	230 06 6	77 91 6
52	476 66 6	317 77 7	473 77 7	158 88 8	234 57 7	79 44 4
53	485 83 3	323 88 8	482 88 8	161 94 4	239 08 8	80 97 2
54	495 00 0	330 00 0	492 00 0	165 00 0	243 60 0	82 50 0
55	504 16 6	336 11 1	501 11 1	168 05 5	248 11 1	84 02 7
56	513 33 3	342 22 2	510 22 2	171 11 1	252 62 2	85 55 5
57	522 50 0	348 33 3	519 33 3	174 16 6	257 13 3	87 08 3
58	531 66 6	354 44 4	528 44 4	177 22 2	261 64 4	88 61 1
59	540 83 3	360 55 5	537 55 5	180 27 7	266 15 5	90 13 8
60	550 00 0	366 66 6	546 66 6	183 33 3	270 66 6	91 66 6
61	559 16 6	372 77 7	555 77 7	186 38 8	275 17 7	93 19 4
62	568 33 3	378 88 8	564 88 8	189 44 4	279 68 8	94 72 2
63	577 50 0	385 00 0	574 00 0	192 50 0	284 20 0	96 25 0
64	586 66 6	391 11 1	583 11 1	195 55 5	288 71 1	97 77 7
65	595 83 3	397 22 2	592 22 2	198 61 1	293 22 2	99 30 5
66	605 00 0	403 33 3	601 33 3	201 66 6	297 73 3	100 83 3
67	614 16 6	409 44 4	610 44 4	204 72 2	302 24 4	102 36 1
68	623 33 3	415 55 5	619 55 5	207 77 7	306 75 5	103 88 8
69	632 50 0	421 66 6	628 66 6	210 83 3	311 26 6	105 41 6
70	641 66 6	427 77 7	637 77 7	213 88 8	315 77 7	106 94 4
71	650 83 3	433 88 8	646 88 8	216 94 4	320 28 8	108 47 2
72	660 00 0	440 00 0	656 00 0	220 00 0	324 80 0	110 00 0
73	669 16 6	446 11 1	665 11 1	223 05 5	329 31 1	111 52 7
74	678 33 3	452 22 2	674 22 2	226 11 1	333 82 2	113 05 5
75	687 50 0	458 33 3	683 33 3	229 16 6	338 33 3	114 58 3
76	696 66 6	464 44 4	692 44 4	232 22 2	342 84 4	116 11 1
77	705 83 3	470 55 5	701 55 5	235 27 7	347 35 5	117 63 8
78	715 00 0	476 66 6	710 66 6	238 33 3	351 86 6	119 16 6
79	724 16 6	482 77 7	719 77 7	241 38 8	356 37 7	120 69 4
80	733 33 3	488 88 8	728 88 8	244 44 4	360 88 8	122 22 2
81	742 50 0	495 00 0	738 00 0	247 50 0	365 40 0	123 75 0
82	751 66 6	501 11 1	747 11 1	250 55 5	369 91 1	125 27 7
83	760 83 3	507 22 2	756 22 2	253 61 1	374 42 2	126 80 5
84	770 00 0	513 33 3	765 33 3	256 66 6	378 93 3	128 33 3
85	779 16 6	519 44 4	774 44 4	259 72 2	383 44 4	129 86 1
86	788 33 3	525 55 5	783 55 5	262 77 7	387 95 5	131 38 8
87	797 50 0	531 66 6	792 66 6	265 83 3	392 46 6	132 91 6
88	806 66 6	537 77 7	801 77 7	268 88 8	396 97 7	134 44 4
89	815 83 3	543 88 8	810 88 8	271 94 4	401 48 8	135 97 2
90	825 00 0	550 00 0	820 00 0	275 00 0	406 00 0	137 50 0
91	834 16 6	556 11 1	829 11 1	278 05 5	410 51 1	139 02 7
92	843 33 3	562 22 2	838 22 2	281 11 1	415 02 2	140 55 5
93	852 50 0	568 33 3	847 33 3	284 16 6	419 53 3	142 08 3
94	861 66 6	574 44 4	856 44 4	287 22 2	424 04 4	143 61 1
95	870 83 3	580 55 5	865 55 5	290 27 7	428 55 5	145 13 8
96	880 00 0	586 66 6	874 66 6	293 33 3	433 06 6	146 66 6
97	889 16 6	592 77 7	883 77 7	296 38 8	437 57 7	148 19 4
98	898 33 3	598 88 8	892 88 8	299 44 4	442 08 8	149 72 2
99	907 50 0	605 00 0	902 00 0	302 50 0	446 60 0	151 25 0
100	916 66 6	611 11 1	911 11 1	305 55 5	451 11 1	152 77 7

CHIRURGIEN-AIDE-MAJOR.

Nombre de jours.	Solde aux armées actives sur le pied de guerre.	Solde en station et avec vivres de campagne.	Solde en route.	Solde en semestre.	Solde à l'hôpital.	Supplément de solde dans Paris.
	Fr. C. 9ᵉ	Fr. C. 9ᵉ	Fr. C. 9ᵉ	Fr. C. 9ᵉ	Fr. C. 9ᵉ	Fr. C. 9ᵉ
1	6 25 =	4 16 6	6 66 6	2 08 3	2 96 6	1 38 8
2	12 50 =	8 33 3	13 33 3	4 16 6	5 93 3	2 77 7
3	18 75 =	12 50 =	20 = =	6 25 =	8 90 =	4 16 6
4	25 = =	16 66 6	26 66 6	8 33 3	11 86 6	5 55 5
5	31 25 =	20 83 3	33 33 3	10 41 6	14 83 3	6 94 4
6	37 50 =	25 = =	40 = =	12 50 =	17 80 =	8 33 3
7	43 75 =	29 16 6	46 66 6	14 58 3	20 76 6	9 72 2
8	50 = =	33 33 3	53 33 3	16 66 6	23 73 3	11 11 1
9	56 25 =	37 50 =	60 = =	18 75 =	26 70 =	12 50 =
10	62 50 =	41 66 6	66 66 6	20 83 3	29 66 6	13 88 8
11	68 75 =	45 83 3	73 33 3	22 91 6	32 63 3	15 27 7
12	75 = =	50 = =	80 = =	25 = =	35 60 =	16 66 6
13	81 25 =	54 16 6	86 66 6	27 08 3	38 56 6	18 05 5
14	87 50 =	58 33 3	93 33 3	29 16 6	41 53 3	19 44 4
15	93 75 =	62 50 =	100 = =	31 25 =	44 50 =	20 83 3
16	100 = =	66 66 6	106 66 6	33 33 3	47 46 6	22 22 2
17	106 25 =	70 83 3	113 33 3	35 41 6	50 43 3	23 61 1
18	112 50 =	75 = =	120 = =	37 50 =	53 40 =	25 = =
19	118 75 =	79 16 6	126 66 6	39 58 3	56 36 6	26 38 8
20	125 = =	83 33 3	133 33 3	41 66 6	59 33 3	27 77 7
21	131 25 =	87 50 =	140 = =	43 75 =	62 30 =	29 16 6
22	137 50 =	91 66 6	146 66 6	45 83 3	65 26 6	30 55 5
23	143 75 =	95 83 3	153 33 3	47 91 6	68 23 3	31 94 4
24	150 = =	100 = =	160 = =	50 = =	71 20 =	33 33 3
25	156 25 =	104 16 6	166 66 6	52 08 3	74 16 6	34 72 2
26	162 50 =	108 33 3	173 33 3	54 16 6	77 13 3	36 11 1
27	168 75 =	112 50 =	180 = =	56 25 =	80 10 =	37 50 =
28	175 = =	116 66 6	186 66 6	58 33 3	83 06 6	38 88 8
29	181 25 =	120 83 3	193 33 3	60 41 6	86 03 3	40 27 7
30	187 50 =	125 = =	200 = =	62 50 =	89 = =	41 66 6
31	193 75 =	129 16 6	206 66 6	64 58 3	91 96 6	43 05 5
32	200 = =	133 33 3	213 33 3	66 66 6	94 93 3	44 44 4
33	206 25 =	137 50 =	220 = =	68 75 =	97 90 =	45 83 3
34	212 50 =	141 66 6	226 66 6	70 83 3	100 86 6	47 22 2
35	218 75 =	145 83 3	233 33 3	72 91 6	103 83 3	48 61 1
36	225 = =	150 = =	240 = =	75 = =	106 80 =	50 = =
37	231 25 =	154 16 6	246 66 6	77 08 3	109 76 6	51 38 8
38	237 50 =	158 33 3	253 33 3	79 16 6	112 73 3	52 77 7
39	243 75 =	162 50 =	260 = =	81 25 =	115 70 =	54 16 6
40	250 = =	166 66 6	266 66 6	83 33 3	118 66 6	55 55 5
41	256 25 =	170 83 3	273 33 3	85 41 6	121 63 3	56 94 4
42	262 50 =	175 = =	280 = =	87 50 =	124 60 =	58 33 3
43	268 75 =	179 16 6	286 66 6	89 58 3	127 56 6	59 72 2
44	275 = =	183 33 3	293 33 3	91 66 6	130 53 3	61 11 1
45	281 25 =	187 50 =	300 = =	93 75 =	133 50 =	62 50 =
46	287 50 =	191 66 6	306 66 6	95 83 3	136 46 6	63 88 8
47	293 75 =	195 83 3	313 33 3	97 91 6	139 43 3	65 27 7
48	300 = =	200 = =	320 = =	100 = =	142 40 =	66 66 6
49	306 25 =	204 16 6	326 66 6	102 08 3	145 36 6	68 05 5
50	312 50 =	208 33 3	333 33 3	104 16 6	148 33 3	69 44 4

CHIRURGIEN-AIDE-MAJOR.

Nombre de jours.	Solde aux armées actives sur le pied de guerre.	Solde en station et avec vivres de campagne.	Solde en route.	Solde en semestre.	Solde à l'hôpital.	Supplément de solde dans Paris.
	Fr. C. 9e	Fr. C. 9e	Fr. C. 9e	Fr. C. 9e	Fr. C. 9e	Fr. C. 9e
51	318 75 =	212 50 =	340 = =	106 25 =	151 30 =	70 83 3
52	325 = =	216 66 6	346 66 6	108 33 3	154 26 6	72 22 2
53	331 25 =	220 83 3	353 33 3	110 41 6	157 23 3	73 61 1
54	337 50 =	225 = =	360 = =	112 50 =	160 20 =	75 = =
55	343 75 =	229 16 6	366 66 6	114 58 3	163 16 6	76 38 8
56	350 = =	233 33 3	373 33 3	116 66 6	166 13 3	77 77 7
57	356 25 =	237 50 =	380 = =	118 75 =	169 10 =	79 16 6
58	362 50 =	241 66 6	386 66 6	120 83 3	172 06 6	80 55 5
59	368 75 =	245 83 3	393 33 3	122 91 6	175 03 3	81 94 4
60	375 = =	250 = =	400 = =	125 = =	178 = =	83 33 3
61	381 25 =	254 16 6	406 66 6	127 08 3	180 96 6	84 72 2
62	387 50 =	258 33 3	413 33 3	129 16 6	183 93 3	86 11 1
63	393 75 =	262 50 =	420 = =	131 25 =	186 90 =	87 50 =
64	400 = =	266 66 6	426 66 6	133 33 3	189 86 6	88 88 8
65	406 25 =	270 83 3	433 33 3	135 41 6	192 83 3	90 27 7
66	412 50 =	275 = =	440 = =	137 50 =	195 80 =	91 66 6
67	418 75 =	279 16 6	446 66 6	139 58 3	198 76 6	93 05 5
68	425 = =	283 33 3	453 33 3	141 66 6	201 73 3	94 44 4
69	431 25 =	287 50 =	460 = =	143 75 =	204 70 =	95 83 3
70	437 50 =	291 66 6	466 66 6	145 83 3	207 66 6	97 22 2
71	443 75 =	295 83 3	473 33 3	147 91 6	210 63 3	98 61 1
72	450 = =	300 = =	480 = =	150 = =	213 60 =	100 = =
73	456 25 =	304 16 6	486 66 6	152 08 3	216 56 6	101 38 8
74	462 50 =	308 33 3	493 33 3	154 16 6	219 53 3	102 77 7
75	468 75 =	312 50 =	500 = =	156 25 =	222 50 =	104 16 6
76	475 = =	316 66 6	506 66 6	158 33 3	225 46 6	105 55 5
77	481 25 =	320 83 3	513 33 3	160 41 6	228 43 3	106 94 4
78	487 50 =	325 = =	520 = =	162 50 =	231 40 =	108 33 3
79	493 75 =	329 16 6	526 66 6	164 58 3	234 36 6	109 72 2
80	500 = =	333 33 3	533 33 3	166 66 6	237 33 3	111 11 1
81	506 25 =	337 50 =	540 = =	168 75 =	240 30 =	112 50 =
82	512 50 =	341 66 6	546 66 6	170 83 3	243 26 6	113 88 8
83	518 75 =	345 83 3	553 33 3	172 91 6	246 23 3	115 27 7
84	525 = =	350 = =	560 = =	175 = =	249 20 =	116 66 6
85	531 25 =	354 16 6	566 66 6	177 08 3	252 16 6	118 05 5
86	537 50 =	358 33 3	573 33 3	179 16 6	255 13 3	119 44 4
87	543 75 =	362 50 =	580 = =	181 25 =	258 10 =	120 83 3
88	550 = =	366 66 6	586 66 6	183 33 3	261 06 6	122 22 2
89	556 25 =	370 83 3	593 33 3	185 41 6	264 03 3	123 61 1
90	562 50 =	375 = =	600 = =	187 50 =	267 = =	125 = =
91	568 75 =	379 16 6	606 66 6	189 58 3	269 96 6	126 38 8
92	575 = =	383 33 3	613 33 3	191 66 6	272 93 3	127 77 7
93	581 25 =	387 50 =	620 = =	193 75 =	275 90 =	129 16 6
94	587 50 =	391 66 6	626 66 6	195 83 3	278 86 6	130 55 5
95	593 75 =	395 83 3	633 33 3	197 91 6	281 83 3	131 94 4
96	600 = =	400 = =	640 = =	200 = =	284 80 =	133 33 3
97	606 25 =	404 16 6	646 66 6	202 08 3	287 76 6	134 72 2
98	612 50 =	408 33 3	653 33 3	204 16 6	290 73 3	136 11 1
99	618 75 =	412 50 =	660 = =	206 25 =	293 70 =	137 50 =
100	625 = =	416 66 6	666 66 6	208 33 3	296 66 6	138 88 8

CHIRURGIEN-SOUS-AIDE-MAJOR.

Nombre de jours.	Solde aux armées actives sur le pied de guerre.	Solde en station et avec vivres de campagne.	Solde en route.	Solde en semestre.	Solde à l'hôpital.	Supplément de solde dans Paris.
	Fr. C. 9e	Fr. C. 9e	Fr. C. 9e	Fr. C. 9e	Fr. C. 9e	Fr. C. 9e
1	3 33 3	2 22 2	4 72 2	1 11 1	1 22 2	1 11 1
2	6 66 6	4 44 4	9 44 4	2 22 2	2 44 4	2 22 2
3	10 00 0	6 66 6	14 16 6	3 33 3	3 66 6	3 33 3
4	13 33 3	8 88 8	18 88 8	4 44 4	4 88 8	4 44 4
5	16 66 6	11 11 1	23 61 1	5 55 5	6 11 1	5 55 5
6	20 00 0	13 33 3	28 33 3	6 66 6	7 33 3	6 66 6
7	23 33 3	15 55 5	33 05 5	7 77 7	8 55 5	7 77 7
8	26 66 6	17 77 7	37 77 7	8 88 8	9 77 7	8 88 8
9	30 00 0	20 00 0	42 50 0	10 00 0	11 00 0	10 00 0
10	33 33 3	22 22 2	47 22 2	11 11 1	12 22 2	11 11 1
11	36 66 6	24 44 4	51 94 4	12 22 2	13 44 4	12 22 2
12	40 00 0	26 66 6	56 66 6	13 33 3	14 66 6	13 33 3
13	43 33 3	28 88 8	61 38 8	14 44 4	15 88 8	14 44 4
14	46 66 6	31 11 1	66 11 1	15 55 5	17 11 1	15 55 5
15	50 00 0	33 33 3	70 83 3	16 66 6	18 33 3	16 66 6
16	53 33 3	35 55 5	75 55 5	17 77 7	19 55 5	17 77 7
17	56 66 6	37 77 7	80 27 7	18 88 8	20 77 7	18 88 8
18	60 00 0	40 00 0	85 00 0	20 00 0	22 00 0	20 00 0
19	63 33 3	42 22 2	89 72 2	21 11 1	23 22 2	21 11 1
20	66 66 6	44 44 4	94 44 4	22 22 2	24 44 4	22 22 2
21	70 00 0	46 66 6	99 16 6	23 33 3	25 66 6	23 33 3
22	73 33 3	48 88 8	103 88 8	24 44 4	26 88 8	24 44 4
23	76 66 6	51 11 1	108 61 1	25 55 5	28 11 1	25 55 5
24	80 00 0	53 33 3	113 33 3	26 66 6	29 33 3	26 66 6
25	83 33 3	55 55 5	118 05 5	27 77 7	30 55 5	27 77 7
26	86 66 6	57 77 7	122 77 7	28 88 8	31 77 7	28 88 8
27	90 00 0	60 00 0	127 50 0	30 00 0	33 00 0	30 00 0
28	93 33 3	62 22 2	132 22 2	31 11 1	34 22 2	31 11 1
29	96 66 6	64 44 4	136 94 4	32 22 2	35 44 4	32 22 2
30	100 00 0	66 66 6	141 66 6	33 33 3	36 66 6	33 33 3
31	103 33 3	68 88 8	146 38 8	34 44 4	37 88 8	34 44 4
32	106 66 6	71 11 1	151 11 1	35 55 5	39 11 1	35 55 5
33	110 00 0	73 33 3	155 83 3	36 66 6	40 33 3	36 66 6
34	113 33 3	75 55 5	160 55 5	37 77 7	41 55 5	37 77 7
35	116 66 6	77 77 7	165 27 7	38 88 8	42 77 7	38 88 8
36	120 00 0	80 00 0	170 00 0	40 00 0	44 00 0	40 00 0
37	123 33 3	82 22 2	174 72 2	41 11 1	45 22 2	41 11 1
38	126 66 6	84 44 4	179 44 4	42 22 2	46 44 4	42 22 2
39	130 00 0	86 66 6	184 16 6	43 33 3	47 66 6	43 33 3
40	133 33 3	88 88 8	188 88 8	44 44 4	48 88 8	44 44 4
41	136 66 6	91 11 1	193 61 1	45 55 5	50 11 1	45 55 5
42	140 00 0	93 33 3	198 33 3	46 66 6	51 33 3	46 66 6
43	143 33 3	95 55 5	203 05 5	47 77 7	52 55 5	47 77 7
44	146 66 6	97 77 7	207 77 7	48 88 8	53 77 7	48 88 8
45	150 00 0	100 00 0	212 50 0	50 00 0	55 00 0	50 00 0
46	153 33 3	102 22 2	217 22 2	51 11 1	56 22 2	51 11 1
47	156 66 6	104 44 4	221 94 4	52 22 2	57 44 4	52 22 2
48	160 00 0	106 66 6	226 66 6	53 33 3	58 66 6	53 33 3
49	163 33 3	108 88 8	231 38 8	54 44 4	59 88 8	54 44 4
50	166 66 6	111 11 1	236 11 1	55 55 5	61 11 1	55 55 5

CHIRURGIEN-SOUS-AIDE-MAJOR.

Nombre de jours.	Solde aux armées actives sur le pied de guerre.	Solde en station et avec vivres de campagne.	Solde en route.	Solde en semestre.	Solde à l'hôpital.	Supplément de solde dans Paris.
	Fr. C. 9ᵉ	Fr. C. 9ᵉ	Fr. C. 9ᵉ	Fr. C. 9ᵉ	Fr. C. 9ᵉ	Fr. C. 9ᵉ
51	170 00 0	113 33 3	240 83 3	56 66 6	62 33 3	56 66 6
52	173 33 3	115 55 5	245 55 5	57 77 7	63 55 5	57 77 7
53	176 66 6	117 77 7	250 27 7	58 88 8	64 77 7	58 88 8
54	180 00 0	120 00 0	255 00 0	60 00 0	66 00 0	60 00 0
55	183 33 3	122 22 2	259 72 2	61 11 1	67 22 2	61 11 1
56	186 66 6	124 44 4	264 44 4	62 22 2	68 44 4	62 22 2
57	190 00 0	126 66 6	269 16 6	63 33 3	69 66 6	63 33 3
58	193 33 3	128 88 8	273 88 8	64 44 4	70 88 8	64 44 4
59	196 66 6	131 11 1	278 61 1	65 55 5	72 11 1	65 55 5
60	200 00 0	133 33 3	283 33 3	66 66 6	73 33 3	66 66 6
61	203 33 3	135 55 5	288 05 5	67 77 7	74 55 5	67 77 7
62	206 66 6	137 77 7	292 77 7	68 88 8	75 77 7	68 88 8
63	210 00 0	140 00 0	297 50 0	70 00 0	77 00 0	70 00 0
64	213 33 3	142 22 2	302 22 2	71 11 1	78 22 2	71 11 1
65	216 66 6	144 44 4	306 94 4	72 22 2	79 44 4	72 22 2
66	220 00 0	146 66 6	311 66 6	73 33 3	80 66 6	73 33 3
67	223 33 3	148 88 8	316 38 8	74 44 4	81 88 8	74 44 4
68	226 66 6	151 11 1	321 11 1	75 55 5	83 11 1	75 55 5
69	230 00 0	153 33 3	325 83 3	76 66 6	84 33 3	76 66 6
70	233 33 3	155 55 5	330 55 5	77 77 7	85 55 5	77 77 7
71	236 66 6	157 77 7	335 27 7	78 88 8	86 77 7	78 88 8
72	240 00 0	160 00 0	340 00 0	80 00 0	88 00 0	80 00 0
73	243 33 3	162 22 2	344 72 2	81 11 1	89 22 2	81 11 1
74	246 66 6	164 44 4	349 44 4	82 22 2	90 44 4	82 22 2
75	250 00 0	166 66 6	354 16 6	83 33 3	91 66 6	83 33 3
76	253 33 3	168 88 8	358 88 8	84 44 4	92 88 8	84 44 4
77	256 66 6	171 11 1	363 61 1	85 55 5	94 11 1	85 55 5
78	260 00 0	173 33 3	368 33 3	86 66 6	95 33 3	86 66 6
79	263 33 3	175 55 5	373 05 5	87 77 7	96 55 5	87 77 7
80	266 66 6	177 77 7	377 77 7	88 88 8	97 77 7	88 88 8
81	270 00 0	180 00 0	382 50 0	90 00 0	99 00 0	90 00 0
82	273 33 3	182 22 2	387 22 2	91 11 1	100 22 2	91 11 1
83	276 66 6	184 44 4	391 94 4	92 22 2	101 44 4	92 22 2
84	280 00 0	186 66 6	396 66 6	93 33 3	102 66 6	93 33 3
85	283 33 3	188 88 8	401 38 8	94 44 4	103 88 8	94 44 4
86	286 66 6	191 11 1	406 11 1	95 55 5	105 11 1	95 55 5
87	290 00 0	193 33 3	410 83 3	96 66 6	106 33 3	96 66 6
88	293 33 3	195 55 5	415 55 5	97 77 7	107 55 5	97 77 7
89	296 66 6	197 77 7	420 27 7	98 88 8	108 77 7	98 88 8
90	300 00 0	200 00 0	425 00 0	100 00 0	110 00 0	100 00 0
91	303 33 3	202 22 2	429 72 2	101 11 1	111 22 2	101 11 1
92	306 66 6	204 44 4	434 44 4	102 22 2	112 44 4	102 22 2
93	310 00 0	206 66 6	439 16 6	103 33 3	113 66 6	103 33 3
94	313 33 3	208 88 8	443 88 8	104 44 4	114 88 8	104 44 4
95	316 66 6	211 11 1	448 61 1	105 55 5	116 11 1	105 55 5
96	320 00 0	213 33 3	453 33 3	106 66 6	117 33 3	106 66 6
97	323 33 3	215 55 5	458 05 5	107 77 7	118 55 5	107 77 7
98	326 66 6	217 77 7	462 77 7	108 88 8	119 77 7	108 88 8
99	330 00 0	220 00 0	467 50 0	110 00 0	121 00 0	110 00 0
100	333 33 3	222 22 2	472 22 2	111 11 1	122 22 2	111 11 1

CAPITAINE DE 1.re CLASSE. 23

Nombre de jours	Solde en station et avec vivres de campagne.	Solde en route.	Solde en semestre.	Solde à l'hôpital.	Supplément de solde dans Paris.
	Fr. C. 9e	Fr. C. 9e	Fr. C. 9e	Fr. C. 9e	Fr. C. 9e
1	6 66 6	9 66 6	3 33 3	4 66 6	1 66 6
2	13 33 3	19 33 3	6 66 6	9 33 3	3 33 3
3	20 00 0	29 00 0	10 00 0	14 00 0	5 00 0
4	26 66 6	38 66 6	13 33 3	18 66 6	6 66 6
5	33 33 3	48 33 3	16 66 6	23 33 3	8 33 3
6	40 00 0	58 00 0	20 00 0	28 00 0	10 00 0
7	46 66 6	67 66 6	23 33 3	32 66 6	11 66 6
8	53 33 3	77 33 3	26 66 6	37 33 3	13 33 3
9	60 00 0	87 00 0	30 00 0	42 00 0	15 00 0
10	66 66 6	96 66 6	33 33 3	46 66 6	16 66 6
11	73 33 3	106 33 3	36 66 6	51 33 3	18 33 3
12	80 00 0	116 00 0	40 00 0	56 00 0	20 00 0
13	86 66 6	125 66 6	43 33 3	60 66 6	21 66 6
14	93 33 3	135 33 3	46 66 6	65 33 3	23 33 3
15	100 00 0	145 00 0	50 00 0	70 00 0	25 00 0
16	106 66 6	154 66 6	53 33 3	74 66 6	26 66 6
17	113 33 3	164 33 3	56 66 6	79 33 3	28 33 3
18	120 00 0	174 00 0	60 00 0	84 00 0	30 00 0
19	126 66 6	183 66 6	63 33 3	88 66 6	31 66 6
20	133 33 3	193 33 3	66 66 6	93 33 3	33 33 3
21	140 00 0	203 00 0	70 00 0	98 00 0	35 00 0
22	146 66 6	212 66 6	73 33 3	102 66 6	36 66 6
23	153 33 3	222 33 3	76 66 6	107 33 3	38 33 3
24	160 00 0	232 00 0	80 00 0	112 00 0	40 00 0
25	166 66 6	241 66 6	83 33 3	116 66 6	41 66 6
26	173 33 3	251 33 3	86 66 6	121 33 3	43 33 3
27	180 00 0	261 00 0	90 00 0	126 00 0	45 00 0
28	186 66 6	270 66 6	93 33 3	130 66 6	46 66 6
29	193 33 3	280 33 3	96 66 6	135 33 3	48 33 3
30	200 00 0	290 00 0	100 00 0	140 00 0	50 00 0
31	206 66 6	299 66 6	103 33 3	144 66 6	51 66 6
32	213 33 3	309 33 3	106 66 6	149 33 3	53 33 3
33	220 00 0	319 00 0	110 00 0	154 00 0	55 00 0
34	226 66 6	328 66 6	113 33 3	158 66 6	56 66 6
35	233 33 3	338 33 3	116 66 6	163 33 3	58 33 3
36	240 00 0	348 00 0	120 00 0	168 00 0	60 00 0
37	246 66 6	357 66 6	123 33 3	172 66 6	61 66 6
38	253 33 3	367 33 3	126 66 6	177 33 3	63 33 3
39	260 00 0	377 00 0	130 00 0	182 00 0	65 00 0
40	266 66 6	386 66 6	133 33 3	186 66 6	66 66 6
41	273 33 3	396 33 3	136 66 6	191 33 3	68 33 3
42	280 00 0	406 00 0	140 00 0	196 00 0	70 00 0
43	286 66 6	415 66 6	143 33 3	200 66 6	71 66 6
44	293 33 3	425 33 3	146 66 6	205 33 3	73 33 3
45	300 00 0	435 00 0	150 00 0	210 00 0	75 00 0
46	306 66 6	444 66 6	153 33 3	214 66 6	76 66 6
47	313 33 3	454 33 3	156 66 6	219 33 3	78 33 3
48	320 00 0	464 00 0	160 00 0	224 00 0	80 00 0
49	326 66 6	473 66 6	163 33 3	228 66 6	81 66 6
50	333 33 3	483 33 3	166 66 6	233 33 3	83 33 3

CAPITAINE DE 1.re CLASSE.

Nombre de jours	Solde en station et avec vivres de campagne.			Solde en route.			Solde en semestre.			Solde à l'hôpital.			Supplément de solde dans Paris.		
	Fr.	C.	9e	Fr.	C.	9e	Fr.	C.	9e	Fr.	C.	9e	Fr.	C.	9e
51	340	00	0	493	00	0	170	00	0	238	00	0	85	00	0
52	346	66	6	502	66	6	173	33	3	242	66	6	86	66	6
53	353	33	3	512	33	3	176	66	6	247	33	3	88	33	3
54	360	00	0	522	00	0	180	00	0	252	00	0	90	00	0
55	366	66	6	531	66	6	183	33	3	256	66	6	91	66	6
56	373	33	3	541	33	3	186	66	6	261	33	3	93	33	3
57	380	00	0	551	00	0	190	00	0	266	00	0	95	00	0
58	386	66	6	560	66	6	193	33	3	270	66	6	96	66	6
59	393	33	3	570	33	3	196	66	6	275	33	3	98	33	3
60	400	00	0	580	00	0	200	00	0	280	00	0	100	00	0
61	406	66	6	589	66	6	203	33	3	284	66	6	101	66	6
62	413	33	3	599	33	3	206	66	6	289	33	3	103	33	3
63	420	00	0	609	00	0	210	00	0	294	00	0	105	00	0
64	426	66	6	618	66	6	213	33	3	298	66	6	106	66	6
65	433	33	3	628	33	3	216	66	6	303	33	3	108	33	3
66	440	00	0	638	00	0	220	00	0	308	00	0	110	00	0
67	446	66	6	647	66	6	223	33	3	312	66	6	111	66	6
68	453	33	3	657	33	3	226	66	6	317	33	3	113	33	3
69	460	00	0	667	00	0	230	00	0	322	00	0	115	00	0
70	466	66	6	676	66	6	233	33	3	326	66	6	116	66	6
71	473	33	3	686	33	3	236	66	6	331	33	3	118	33	3
72	480	00	0	696	00	0	240	00	0	336	00	0	120	00	0
73	486	66	6	705	66	6	243	33	3	340	66	6	121	66	6
74	493	33	3	715	33	3	246	66	6	345	33	3	123	33	3
75	500	00	0	725	00	0	250	00	0	350	00	0	125	00	0
76	506	66	6	734	66	6	253	33	3	354	66	6	126	66	6
77	513	33	3	744	33	3	256	66	6	359	33	3	128	33	3
78	520	00	0	754	00	0	260	00	0	364	00	0	130	00	0
79	526	66	6	763	66	6	263	33	3	368	66	6	131	66	6
80	533	33	3	773	33	3	266	66	6	373	33	3	133	33	3
81	540	00	0	783	00	0	270	00	0	378	00	0	135	00	0
82	546	66	6	792	66	6	273	33	3	382	66	6	136	66	6
83	553	33	3	802	33	3	276	66	6	387	33	3	138	33	3
84	560	00	0	812	00	0	280	00	0	392	00	0	140	00	0
85	566	66	6	821	66	6	283	33	3	396	66	6	141	66	6
86	573	33	3	831	33	3	286	66	6	401	33	3	143	33	3
87	580	00	0	841	00	0	290	00	0	406	00	0	145	00	0
88	586	66	6	850	66	6	293	33	3	410	66	6	146	66	6
89	593	33	3	860	33	3	296	66	6	415	33	3	148	33	3
90	600	00	0	870	00	0	300	00	0	420	00	0	150	00	0
91	606	66	6	879	66	6	303	33	3	424	66	6	151	66	6
92	613	33	3	889	33	3	306	66	6	429	33	3	153	33	3
93	620	00	0	899	00	0	310	00	0	434	00	0	155	00	0
94	626	66	6	908	66	6	313	33	3	438	66	6	156	66	6
95	633	33	3	918	33	3	316	66	6	443	33	3	158	33	3
96	640	00	0	928	00	0	320	00	0	448	00	0	160	00	0
97	646	66	6	937	66	6	323	33	3	452	66	6	161	66	6
98	653	33	3	947	33	3	326	66	6	457	33	3	163	33	3
99	660	00	0	957	00	0	330	00	0	462	00	0	165	00	0
100	666	66	6	966	66	6	333	33	3	466	66	6	166	66	6

CAPITAINE DE 2.e CLASSE

Nombre de jours.	Solde en station et avec vivres de campagne.			Solde en route.			Solde en semestre.			Solde à l'hôpital.			Supplément de solde dans Paris.		
	Fr.	C.	9ᵉ	Fr.	C.	9ᵉ	Fr.	C.	9ᵉ	Fr.	C.	9ᵉ	Fr.	C.	9ᵉ
1	5	55	5	8	55	5	2	77	7	3	55	5	1	38	8
2	11	11	1	17	11	1	5	55	5	7	11	1	2	77	7
3	16	66	6	25	66	6	8	33	3	10	66	6	4	16	6
4	22	22	2	34	22	2	11	11	1	14	22	2	5	55	5
5	27	77	7	42	77	7	13	88	8	17	77	7	6	94	4
6	33	33	3	51	33	3	16	66	6	21	33	3	8	33	3
7	38	88	8	59	88	8	19	44	4	24	88	8	9	72	2
8	44	44	4	68	44	4	22	22	2	28	44	4	11	11	1
9	50	00	0	77	00	0	25	00	0	32	00	0	12	50	0
10	55	55	5	85	55	5	27	77	7	35	55	5	13	88	8
11	61	11	1	94	11	1	30	55	5	39	11	1	15	27	7
12	66	66	6	102	66	6	33	33	3	42	66	6	16	66	6
13	72	22	2	111	22	2	36	11	1	46	22	2	18	05	5
14	77	77	7	119	77	7	38	88	8	49	77	7	19	44	4
15	83	33	3	128	33	3	41	66	6	53	33	3	20	83	3
16	88	88	8	136	88	8	44	44	4	56	88	8	22	22	2
17	94	44	4	145	44	4	47	22	2	60	44	4	23	61	1
18	100	00	0	154	00	0	50	00	0	64	00	0	25	00	0
19	105	55	5	162	55	5	52	77	7	67	55	5	26	38	8
20	111	11	1	171	11	1	55	55	5	71	11	1	27	77	7
21	116	66	6	179	66	6	58	33	3	74	66	6	29	16	6
22	122	22	2	188	22	2	61	11	1	78	22	2	30	55	5
23	127	77	7	196	77	7	63	88	8	81	77	7	31	94	4
24	133	33	3	205	33	3	66	66	6	85	33	3	33	33	3
25	138	88	8	213	88	8	69	44	4	88	88	8	34	72	2
26	144	44	4	222	44	4	72	22	2	92	44	4	36	11	1
27	150	00	0	231	00	0	75	00	0	96	00	0	37	50	0
28	155	55	5	239	55	5	77	77	7	99	55	5	38	88	8
29	161	11	1	248	11	1	80	55	5	103	11	1	40	27	7
30	166	66	6	256	66	6	83	33	3	106	66	6	41	66	6
31	172	22	2	265	22	2	86	11	1	110	22	2	43	05	5
32	177	77	7	273	77	7	88	88	8	113	77	7	44	44	4
33	183	33	3	282	33	3	91	66	6	117	33	3	45	83	3
34	188	88	8	290	88	8	94	44	4	120	88	8	47	22	2
35	194	44	4	299	44	4	97	22	2	124	44	4	48	61	1
36	200	00	0	308	00	0	100	00	0	128	00	0	50	00	0
37	205	55	5	316	55	5	102	77	7	131	55	5	51	38	8
38	211	11	1	325	11	1	105	55	5	135	11	1	52	77	7
39	216	66	6	333	66	6	108	33	3	138	66	6	54	16	6
40	222	22	2	342	22	2	111	11	1	142	22	2	55	55	5
41	227	77	7	350	77	7	113	88	8	145	77	7	56	94	4
42	233	33	3	359	33	3	116	66	6	149	33	3	58	33	3
43	238	88	8	367	88	8	119	44	4	152	88	8	59	72	2
44	244	44	4	376	44	4	122	22	2	156	44	4	61	11	1
45	250	00	0	385	00	0	125	00	0	160	00	0	62	50	0
46	255	55	5	393	55	5	127	77	7	163	55	5	63	88	8
47	261	11	1	402	11	1	130	55	5	167	11	1	65	27	7
48	266	66	6	410	66	6	133	33	3	170	66	6	66	66	6
49	272	22	2	419	22	2	136	11	1	174	22	2	68	05	5
50	277	77	7	427	77	7	138	88	8	177	77	7	69	44	4

CAPITAINE DE 2.ᵉ CLASSE.

Nombre de jours.	Solde en station et avec vivres de campagne.	Solde en route.	Solde en semestre.	Solde à l'hôpital.	Supplément de solde dans Paris.
	Fr. C. 9ᵉ	Fr. C. 9ᵉ	Fr. C. 9ᵉ	Fr. C. 9ᵉ	Fr. C. 9ᵉ
51	283 33 3	436 33 3	141 66 6	181 33 3	70 83 3
52	288 88 8	444 88 8	144 44 4	184 88 8	72 22 2
53	294 44 4	453 44 4	147 22 2	188 44 4	73 61 1
54	300 00 0	462 00 0	150 00 0	192 00 0	75 00 0
55	305 55 5	470 55 5	152 77 7	195 55 5	76 38 8
56	311 11 1	479 11 1	155 55 5	199 11 1	77 77 7
57	316 66 6	487 66 6	158 33 3	202 66 6	79 16 6
58	322 22 2	496 22 2	161 11 1	206 22 2	80 55 5
59	327 77 7	504 77 7	163 88 8	209 77 7	81 94 4
60	333 33 3	513 33 3	166 66 6	213 33 3	83 33 3
61	338 88 8	521 88 8	169 44 4	216 88 8	84 72 2
62	344 44 4	530 44 4	172 22 2	220 44 4	86 11 1
63	350 00 0	539 00 0	175 00 0	224 00 0	87 50 0
64	355 55 5	547 55 5	177 77 7	227 55 5	88 88 8
65	361 11 1	556 11 1	180 55 5	231 11 1	90 27 7
66	366 66 6	564 66 6	183 33 3	234 66 6	91 66 6
67	372 22 2	573 22 2	186 11 1	238 22 2	93 05 5
68	377 77 7	581 77 7	188 88 8	241 77 7	94 44 4
69	383 33 3	590 33 3	191 66 6	245 33 3	95 83 3
70	388 88 8	598 88 8	194 44 4	248 88 8	97 22 2
71	394 44 4	607 44 4	197 22 2	252 44 4	98 61 1
72	400 00 0	616 00 0	200 00 0	256 00 0	100 00 0
73	405 55 5	624 55 5	202 77 7	259 55 5	101 38 8
74	411 11 1	633 11 1	205 55 5	263 11 1	102 77 7
75	416 66 6	641 66 6	208 33 3	266 66 6	104 16 6
76	422 22 2	650 22 2	211 11 1	270 22 2	105 55 5
77	427 77 7	658 77 7	213 88 8	273 77 7	106 94 4
78	433 33 3	667 33 3	216 66 6	277 33 3	108 33 3
79	438 88 8	675 88 8	219 44 4	280 88 8	109 72 2
80	444 44 4	684 44 4	222 22 2	284 44 4	111 11 1
81	450 00 0	693 00 0	225 00 0	288 00 0	112 50 0
82	455 55 5	701 55 5	227 77 7	291 55 5	113 88 8
83	461 11 1	710 11 1	230 55 5	295 11 1	115 27 7
84	466 66 6	718 66 6	233 33 3	298 66 6	116 66 6
85	472 22 2	727 22 2	236 11 1	302 22 2	118 05 5
86	477 77 7	735 77 7	238 88 8	305 77 7	119 44 4
87	483 33 3	744 33 3	241 66 6	309 33 3	120 83 3
88	488 88 8	752 88 8	244 44 4	312 88 8	122 22 2
89	494 44 4	761 44 4	247 22 2	316 44 4	123 61 1
90	500 00 0	770 00 0	250 00 0	320 00 0	125 00 0
91	505 55 5	778 55 5	252 77 7	323 55 5	126 38 8
92	511 11 1	787 11 1	255 55 5	327 11 1	127 77 7
93	516 66 6	795 66 6	258 33 3	330 66 6	129 16 6
94	522 22 2	804 22 2	261 11 1	334 22 2	130 55 5
95	527 77 7	812 77 7	263 88 8	337 77 7	131 94 4
96	533 33 3	821 33 3	266 66 6	341 33 3	133 33 3
97	538 88 8	829 88 8	269 44 4	344 88 8	134 72 2
98	544 44 4	838 44 4	272 22 2	348 44 4	136 11 1
99	550 00 0	847 00 0	275 00 0	352 00 0	137 50 0
100	555 55 5	855 55 5	277 77 7	355 55 5	138 88 8

CAPITAINE DE 3.ᵉ CLASSE.

Nombre de jours.	Solde en station et avec vivres de campagne.		Solde en route.		Solde en semestre.		Solde à l'hôpital.		Supplément de solde dans Paris.	
	Fr.	C.	Fr.	C.	Fr.	C.	Fr.	C.	Fr.	C.
1	5	=	8	=	2	50	3	=	1	25
2	10	=	16	=	5	=	6	=	2	50
3	15	=	24	=	7	50	9	=	3	75
4	20	=	32	=	10	=	12	=	5	=
5	25	=	40	=	12	50	15	=	6	25
6	30	=	48	=	15	=	18	=	7	50
7	35	=	56	=	17	50	21	=	8	75
8	40	=	64	=	20	=	24	=	10	=
9	45	=	72	=	22	50	27	=	11	25
10	50	=	80	=	25	=	30	=	12	50
11	55	=	88	=	27	50	33	=	13	75
12	60	=	96	=	30	=	36	=	15	=
13	65	=	104	=	32	50	39	=	16	25
14	70	=	112	=	35	=	42	=	17	50
15	75	=	120	=	37	50	45	=	18	75
16	80	=	128	=	40	=	48	=	20	=
17	85	=	136	=	42	50	51	=	21	25
18	90	=	144	=	45	=	54	=	22	50
19	95	=	152	=	47	50	57	=	23	75
20	100	=	160	=	50	=	60	=	25	=
21	105	=	168	=	52	50	63	=	26	25
22	110	=	176	=	55	=	66	=	27	50
23	115	=	184	=	57	50	69	=	28	75
24	120	=	192	=	60	=	72	=	30	=
25	125	=	200	=	62	50	75	=	31	25
26	130	=	208	=	65	=	78	=	32	50
27	135	=	216	=	67	50	81	=	33	75
28	140	=	224	=	70	=	84	=	35	=
29	145	=	232	=	72	50	87	=	36	25
30	150	=	240	=	75	=	90	=	37	50
31	155	=	248	=	77	50	93	=	38	75
32	160	=	256	=	80	=	96	=	40	=
33	165	=	264	=	82	50	99	=	41	25
34	170	=	272	=	85	=	102	=	42	50
35	175	=	280	=	87	50	105	=	43	75
36	180	=	288	=	90	=	108	=	45	=
37	185	=	296	=	92	50	111	=	46	25
38	190	=	304	=	95	=	114	=	47	50
39	195	=	312	=	97	50	117	=	48	75
40	200	=	320	=	100	=	120	=	50	=
41	205	=	328	=	102	50	123	=	51	25
42	210	=	336	=	105	=	126	=	52	50
43	215	=	344	=	107	50	129	=	53	75
44	220	=	352	=	110	=	132	=	55	=
45	225	=	360	=	112	50	135	=	56	25
46	230	=	368	=	115	=	138	=	57	50
47	235	=	376	=	117	50	141	=	58	75
48	240	=	384	=	120	=	144	=	60	=
49	245	=	392	=	122	50	147	=	61	25
50	250	=	400	=	125	=	150	=	62	50

CAPITAINE DE 3.e CLASSE.

Nombre de jours.	Solde en station et avec vivres de campagne.		Solde en route.		Solde en semestre.		Solde à l'hôpital.		Supplément de solde dans Paris.	
	Fr.	C.	Fr.	C.	Fr.	C.	Fr.	C.	Fr.	C.
51	255	=	408	=	127	50	153	=	63	75
52	260	=	416	=	130	=	156	=	65	=
53	265	=	424	=	132	50	159	=	66	25
54	270	=	432	=	135	=	162	=	67	50
55	275	=	440	=	137	50	165	=	68	75
56	280	=	448	=	140	=	168	=	70	=
57	285	=	456	=	142	50	171	=	71	25
58	290	=	464	=	145	=	174	=	72	50
59	295	=	472	=	147	50	177	=	73	75
60	300	=	480	=	150	=	180	=	75	=
61	305	=	488	=	152	50	183	=	76	25
62	310	=	496	=	155	=	186	=	77	50
63	315	=	504	=	157	50	189	=	78	75
64	320	=	512	=	160	=	192	=	80	=
65	325	=	520	=	162	50	195	=	81	25
66	330	=	528	=	165	=	198	=	82	50
67	335	=	536	=	167	50	201	=	83	75
68	340	=	544	=	170	=	204	=	85	=
69	345	=	552	=	172	50	207	=	86	25
70	350	=	560	=	175	=	210	=	87	50
71	355	=	568	=	177	50	213	=	88	75
72	360	=	576	=	180	=	216	=	90	=
73	365	=	584	=	182	50	219	=	91	25
74	370	=	592	=	185	=	222	=	92	50
75	375	=	600	=	187	50	225	=	93	75
76	380	=	608	=	190	=	228	=	95	=
77	385	=	616	=	192	50	231	=	96	25
78	390	=	624	=	195	=	234	=	97	50
79	395	=	632	=	197	50	237	=	98	75
80	400	=	640	=	200	=	240	=	100	=
81	405	=	648	=	202	50	243	=	101	25
82	410	=	656	=	205	=	246	=	102	50
83	415	=	664	=	207	50	249	=	103	75
84	420	=	672	=	210	=	252	=	105	=
85	425	=	680	=	212	50	255	=	106	25
86	430	=	688	=	215	=	258	=	107	50
87	435	=	696	=	217	50	261	=	108	75
88	440	=	704	=	220	=	264	=	110	=
89	445	=	712	=	222	50	267	=	111	25
90	450	=	720	=	225	=	270	=	112	50
91	455	=	728	=	227	50	273	=	113	75
92	460	=	736	=	230	=	276	=	115	=
93	465	=	744	=	232	50	279	=	116	25
94	470	=	752	=	235	=	282	=	117	50
95	475	=	760	=	237	50	285	=	118	75
96	480	=	768	=	240	=	288	=	120	=
97	485	=	776	=	242	50	291	=	121	25
98	490	=	784	=	245	=	294	=	122	50
99	495	=	792	=	247	50	297	=	123	75
100	500	=	800	=	250	=	300	=	125	=

LIEUTENANT DE 1.re CLASSE.

Nombre de jours.	Solde en station et avec vivres de campagne.	Solde en route.	Solde en semestre.	Solde à l'hôpital.	Supplément de solde dans Paris.
	Fr. C. 9.e	Fr. C. 9.e	Fr. C. 9.e	Fr. C. 9.e	Fr. C. 9.e
1	3 47 2	5 97 2	1 73 6	1 97 2	1 15 7
2	6 94 4	11 94 4	3 47 3	3 94 4	2 31 5
3	10 41 6	17 91 6	5 21 0	5 91 6	3 47 3
4	13 88 8	23 88 8	6 94 6	7 88 8	4 63 1
5	17 36 1	29 86 1	8 68 3	9 86 1	5 78 8
6	20 83 3	35 83 3	10 42 0	11 83 3	6 94 6
7	24 30 5	41 80 5	12 15 6	13 80 5	8 10 4
8	27 77 7	47 77 7	13 89 3	15 77 7	9 26 2
9	31 25 0	53 75 0	15 63 0	17 75 0	10 42 0
10	34 72 2	59 72 2	17 36 6	19 72 2	11 57 7
11	38 19 4	65 69 4	19 10 3	21 69 4	12 73 5
12	41 66 6	71 66 6	20 84 0	23 66 6	13 89 3
13	45 13 8	77 63 8	22 57 6	25 63 8	15 05 1
14	48 61 1	83 61 1	24 31 3	27 61 1	16 20 8
15	52 08 3	89 58 3	26 05 0	29 58 3	17 36 6
16	55 55 5	95 55 5	27 78 6	31 55 5	18 52 4
17	59 02 7	101 52 7	29 52 3	33 52 7	19 68 2
18	62 50 0	107 50 0	31 26 0	35 50 0	20 84 0
19	65 97 2	113 47 2	32 99 6	37 47 2	21 99 7
20	69 44 4	119 44 4	34 73 3	39 44 4	23 15 5
21	72 91 6	125 41 6	36 47 0	41 41 6	24 31 3
22	76 38 8	131 38 8	38 20 6	43 38 8	25 47 1
23	79 86 1	137 36 1	39 94 3	45 36 1	26 62 8
24	83 33 3	143 33 3	41 68 0	47 33 3	27 78 6
25	86 80 5	149 30 5	43 41 6	49 30 5	28 94 4
26	90 27 7	155 27 7	45 15 3	51 27 7	30 10 2
27	93 75 0	161 25 0	46 89 0	53 25 0	31 26 0
28	97 22 2	167 22 2	48 62 6	55 22 2	32 41 7
29	100 69 4	173 19 4	50 36 3	57 19 4	33 57 5
30	104 16 6	179 16 6	52 10 0	59 16 6	34 73 3
31	107 63 8	185 13 8	53 83 6	61 13 8	35 89 1
32	111 11 1	191 11 1	55 57 3	63 11 1	37 04 8
33	114 58 3	197 08 3	57 31 0	65 08 3	38 20 6
34	118 05 5	203 05 5	59 04 6	67 05 5	39 36 4
35	121 52 7	209 02 7	60 78 3	69 02 7	40 52 2
36	125 00 0	215 00 0	62 52 0	71 00 0	41 68 0
37	128 47 2	220 97 2	64 25 6	72 97 2	42 83 7
38	131 94 4	226 94 4	65 99 3	74 94 4	43 99 5
39	135 41 6	232 91 6	67 73 0	76 91 6	45 15 3
40	138 88 8	238 88 8	69 46 6	78 88 8	46 31 1
41	142 36 1	244 86 1	71 20 3	80 86 1	47 46 8
42	145 83 3	250 83 3	72 94 0	82 83 3	48 62 6
43	149 30 5	256 80 5	74 67 6	84 80 5	49 78 4
44	152 77 7	262 77 7	76 41 3	86 77 7	50 94 2
45	156 25 0	268 75 0	78 15 0	88 75 0	52 10 0
46	159 72 2	274 72 2	79 88 6	90 72 2	53 25 7
47	163 19 4	280 69 4	81 62 3	92 69 4	54 41 5
48	166 66 6	286 66 6	83 36 0	94 66 6	55 57 3
49	170 13 8	292 63 8	85 09 6	96 63 8	56 73 1
50	173 61 1	298 61 1	86 83 3	98 61 1	57 88 8

LIEUTENANT DE 1.re CLASSE.

Nombre de jours.	Solde en station et avec vivres de campagne.	Solde en route.	Solde en semestre.	Solde à l'hôpital.	Supplément de solde dans Paris.
	Fr. C. 9ᵉ	Fr. C. 9ᵉ	Fr. C. 9ᵉ	Fr. C. 9ᵉ	Fr. C. 9ᵉ
51	177 08 3	304 58 3	88 57 0	100 58 3	59 04 6
52	180 55 5	310 55 5	90 30 6	102 55 5	60 20 4
53	184 02 7	316 52 7	92 04 3	104 52 7	61 36 2
54	187 50 0	322 50 0	93 78 0	106 50 0	62 52 0
55	190 97 2	328 47 2	95 51 6	108 47 2	63 67 7
56	194 44 4	334 44 4	97 25 3	110 44 4	64 83 5
57	197 91 6	340 41 6	98 99 0	112 41 6	65 99 3
58	201 38 8	346 38 8	100 72 6	114 38 8	67 15 1
59	204 86 1	352 36 1	102 46 3	116 36 1	68 30 8
60	208 33 3	358 33 3	104 20 0	118 33 3	69 46 6
61	211 80 5	364 30 5	105 93 6	120 30 5	70 62 4
62	215 27 7	370 27 7	107 67 3	122 27 7	71 78 2
63	218 75 0	376 25 0	109 41 0	124 25 0	72 94 0
64	222 22 2	382 22 2	111 14 6	126 22 2	74 09 7
65	225 69 4	388 19 4	112 88 3	128 19 4	75 25 5
66	229 16 6	394 16 6	114 62 0	130 16 6	76 41 3
67	232 63 8	400 13 8	116 35 6	132 13 8	77 57 1
68	236 11 1	406 11 1	118 09 3	134 11 1	78 72 8
69	239 58 3	412 08 3	119 83 0	136 08 3	79 88 6
70	243 05 5	418 05 5	121 56 6	138 05 5	81 04 4
71	246 52 7	424 02 7	123 30 3	140 02 7	82 20 2
72	250 00 0	430 00 0	125 04 0	142 00 0	83 36 0
73	253 47 2	435 97 2	126 77 6	143 97 2	84 51 7
74	256 94 4	441 94 4	128 51 3	145 94 4	85 67 5
75	260 41 6	447 91 6	130 25 0	147 91 6	86 83 3
76	263 88 8	453 88 8	131 98 6	149 88 8	87 99 1
77	267 36 1	459 86 1	133 72 3	151 86 1	89 14 8
78	270 83 3	465 83 3	135 46 0	153 83 3	90 30 6
79	274 30 5	471 80 5	137 19 6	155 80 5	91 46 4
80	277 77 7	477 77 7	138 93 3	157 77 7	92 62 2
81	281 25 0	483 75 0	140 67 0	159 75 0	93 78 0
82	284 72 2	489 72 2	142 40 6	161 72 2	94 93 7
83	288 19 4	495 69 4	144 14 3	163 69 4	96 09 5
84	291 66 6	501 66 6	145 88 0	165 66 6	97 25 3
85	295 13 8	507 63 8	147 61 6	167 63 8	98 41 1
86	298 61 1	513 61 1	149 35 3	169 61 1	99 56 8
87	302 08 3	519 58 3	151 09 0	171 58 3	100 72 6
88	305 55 5	525 55 5	152 82 6	173 55 5	101 88 4
89	309 02 7	531 52 7	154 56 3	175 52 7	103 04 2
90	312 50 0	537 50 0	156 30 0	177 50 0	104 20 0
91	315 97 2	543 47 2	158 03 6	179 47 2	105 35 7
92	319 44 4	549 44 4	159 77 3	181 44 4	106 51 5
93	322 91 6	555 41 6	161 51 0	183 41 6	107 67 3
94	326 38 8	561 38 8	163 24 6	185 38 8	108 83 1
95	329 86 1	567 36 1	164 98 3	187 36 1	109 98 8
96	333 33 3	573 33 3	166 72 0	189 33 3	111 14 6
97	336 80 5	579 30 5	168 45 6	191 30 5	112 30 4
98	340 27 7	585 27 7	170 19 3	193 27 7	113 46 2
99	343 75 0	591 25 0	171 93 0	195 25 0	114 62 0
100	347 22 2	597 22 2	173 66 6	197 22 2	115 77 7

LIEUTENANT DE 2.ᵉ CLASSE.

Nombre de jours.	Solde en station et avec vivres de campagne.	Solde en route.	Solde en semestre.	Solde à l'hôpital.	Supplément de solde dans Paris.
	Fr. C. 9ᵉ	Fr. C. 9ᵉ	Fr. C. 9ᵉ	Fr. C. 9ᵉ	Fr. C. 9ᵉ
1	3 05 5	5 55 5	1 52 7	1 55 5	1 01 8
2	6 11 1	11 11 1	3 05 5	3 11 1	2 03 7
3	9 16 6	16 66 6	4 58 3	4 66 6	3 05 6
4	12 22 2	22 22 2	6 11 1	6 22 2	4 07 5
5	15 27 7	27 77 7	7 63 8	7 77 7	5 09 4
6	18 33 3	33 33 3	9 16 6	9 33 3	6 11 3
7	21 38 8	38 88 8	10 69 4	10 88 8	7 13 2
8	24 44 4	44 44 4	12 22 2	12 44 4	8 15 1
9	27 50 0	50 00 0	13 75 0	14 00 0	9 17 0
10	30 55 5	55 55 5	15 27 7	15 55 5	10 18 8
11	33 61 1	61 11 1	16 80 5	17 11 1	11 20 7
12	36 66 6	66 66 6	18 33 3	18 66 6	12 22 6
13	39 72 2	72 22 2	19 86 1	20 22 2	13 24 5
14	42 77 7	77 77 7	21 38 8	21 77 7	14 26 4
15	45 83 3	83 33 3	22 91 6	23 33 3	15 28 3
16	48 88 8	88 88 8	24 44 4	24 88 8	16 30 2
17	51 94 4	94 44 4	25 97 2	26 44 4	17 32 1
18	55 00 0	100 00 0	27 50 0	28 00 0	18 34 0
19	58 05 5	105 55 5	29 02 7	29 55 5	19 35 8
20	61 11 1	111 11 1	30 55 5	31 11 1	20 37 7
21	64 16 6	116 66 6	32 08 3	32 66 6	21 39 6
22	67 22 2	122 22 2	33 61 1	34 22 2	22 41 5
23	70 27 7	127 77 7	35 13 8	35 77 7	23 43 4
24	73 33 3	133 33 3	36 66 6	37 33 3	24 45 3
25	76 38 8	138 88 8	38 19 4	38 88 8	25 47 2
26	79 44 4	144 44 4	39 72 2	40 44 4	26 49 1
27	82 50 0	150 00 0	41 25 0	42 00 0	27 51 0
28	85 55 5	155 55 5	42 77 7	43 55 5	28 52 8
29	88 61 1	161 11 1	44 30 5	45 11 1	29 54 7
30	91 66 6	166 66 6	45 83 3	46 66 6	30 56 6
31	94 72 2	172 22 2	47 36 1	48 22 2	31 58 5
32	97 77 7	177 77 7	48 88 8	49 77 7	32 60 4
33	100 83 3	183 33 3	50 41 6	51 33 3	33 62 3
34	103 88 8	188 88 8	51 94 4	52 88 8	34 64 2
35	106 94 4	194 44 4	53 47 2	54 44 4	35 66 1
36	110 00 0	200 00 0	55 00 0	56 00 0	36 68 0
37	113 05 5	205 55 5	56 52 7	57 55 5	37 69 8
38	116 11 1	211 11 1	58 05 5	59 11 1	38 71 7
39	119 16 6	216 66 6	59 58 3	60 66 6	39 73 6
40	122 22 2	222 22 2	61 11 1	62 22 2	40 75 5
41	125 27 7	227 77 7	62 63 8	63 77 7	41 77 4
42	128 33 3	233 33 3	64 16 6	65 33 3	42 79 3
43	131 38 8	238 88 8	65 69 4	66 88 8	43 81 2
44	134 44 4	244 44 4	67 22 2	68 44 4	44 83 1
45	137 50 0	250 00 0	68 74 9	70 00 0	45 85 0
46	140 55 5	255 55 5	70 27 7	71 55 5	46 86 8
47	143 61 1	261 11 1	71 80 5	73 11 1	47 88 7
48	146 66 6	266 66 6	73 33 3	74 66 6	48 90 6
49	149 72 2	272 22 2	74 86 1	76 22 2	49 92 5
50	152 77 7	277 77 7	76 38 8	77 77 7	50 94 4

LIEUTENANT DE 2.e CLASSE.

Nombre de jours.	Solde en station et avec vivres de campagne.	Solde en route.	Solde en semestre.	Solde à l'hôpital.	Supplément de solde dans Paris.
	Fr. C. 9e	Fr. C. 9e	Fr. C. 9e	Fr. C. 9e	Fr. C. 9e
51	155 83 3	283 33 3	77 91 6	79 33 3	51 96 3
52	158 88 8	288 88 8	79 44 4	80 88 8	52 98 2
53	161 94 4	294 44 4	80 97 2	82 44 4	54 00 1
54	165 00 0	300 00 0	82 50 0	84 00 0	55 02 0
55	168 05 5	305 55 5	84 02 7	85 55 5	56 03 8
56	171 11 1	311 11 1	85 55 5	87 11 1	57 05 7
57	174 16 6	316 66 6	87 08 3	88 66 6	58 07 6
58	177 22 2	322 22 2	88 61 1	90 22 2	59 09 5
59	180 27 7	327 77 7	90 13 8	91 77 7	60 11 4
60	183 33 3	333 33 3	91 66 6	93 33 3	61 13 3
61	186 38 8	338 88 8	93 19 4	94 88 8	62 15 2
62	189 44 4	344 44 4	94 72 2	96 44 4	63 17 1
63	192 50 0	350 00 0	96 25 0	98 00 0	64 19 0
64	195 55 5	355 55 5	97 77 7	99 55 5	65 20 8
65	198 61 1	361 11 1	99 30 5	101 11 1	66 22 7
66	201 66 6	366 66 6	100 83 3	102 66 6	67 24 6
67	204 72 2	372 22 2	102 36 1	104 22 2	68 26 5
68	207 77 7	377 77 7	103 88 8	105 77 7	69 28 4
69	210 83 3	383 33 3	105 41 6	107 33 3	70 30 3
70	213 88 8	388 88 8	106 94 4	108 88 8	71 32 2
71	216 94 4	394 44 4	108 47 2	110 44 4	72 34 1
72	220 00 0	400 00 0	110 00 0	112 00 0	73 36 0
73	223 05 5	405 55 5	111 52 7	113 55 5	74 37 8
74	226 11 1	411 11 1	113 05 5	115 11 1	75 39 7
75	229 16 6	416 66 6	114 58 3	116 66 6	76 41 6
76	232 22 2	422 22 2	116 11 1	118 22 2	77 43 5
77	235 27 7	427 77 7	117 63 8	119 77 7	78 45 4
78	238 33 3	433 33 3	119 16 6	121 33 3	79 47 3
79	241 38 8	438 88 8	120 69 4	122 88 8	80 49 2
80	244 44 4	444 44 4	122 22 2	124 44 4	81 51 1
81	247 50 0	450 00 0	123 75 0	126 00 0	82 53 0
82	250 55 5	455 55 5	125 27 7	127 55 5	83 54 8
83	253 61 1	461 11 1	126 80 5	129 11 1	84 56 7
84	256 66 6	466 66 6	128 33 3	130 66 6	85 58 6
85	259 72 2	472 22 2	129 86 1	132 22 2	86 60 5
86	262 77 7	477 77 7	131 38 8	133 77 7	87 62 4
87	265 83 3	483 33 3	132 91 6	135 33 3	88 64 3
88	268 88 8	488 88 8	134 44 4	136 88 8	89 66 2
89	271 94 4	494 44 4	135 97 2	138 44 4	90 68 1
90	275 00 0	500 00 0	137 50 0	140 00 0	91 70 0
91	278 05 5	505 55 5	139 02 7	141 55 5	92 71 8
92	281 11 1	511 11 1	140 55 5	143 11 1	93 73 7
93	284 16 6	516 66 6	142 08 3	144 66 6	94 75 6
94	287 22 2	522 22 2	143 61 1	146 22 2	95 77 5
95	290 27 7	527 77 7	145 13 8	147 77 7	96 79 4
96	293 33 3	533 33 3	146 66 6	149 33 3	97 81 3
97	296 38 8	538 88 8	148 19 4	150 88 8	98 83 2
98	299 44 4	544 44 4	149 72 2	152 44 4	99 85 1
99	302 50 0	550 00 0	151 25 0	154 00 0	100 87 0
100	305 55 5	555 55 5	152 77 7	155 55 5	101 88 8

SOUS-LIEUTENANT.

Nombre de jours.	Solde en station et avec vivres de campagne. Fr. C. 9ᵉ	Solde en route. Fr. C. 9ᵉ	Solde en semestre. Fr. C. 9ᵉ	Solde à l'hôpital. Fr. C. 9ᵉ	Supplément de solde dans Paris. Fr. C. 9ᵉ
1	2 77 7	5 27 7	1 38 8	1 52 7	92 5
2	5 55 5	10 55 5	2 77 7	3 05 5	1 85 1
3	8 33 3	15 83 3	4 16 6	4 58 3	2 77 6
4	11 11 1	21 11 1	5 55 5	6 11 1	3 70 2
5	13 88 8	26 38 8	6 94 4	7 63 8	4 62 7
6	16 66 6	31 66 6	8 33 3	9 16 6	5 55 3
7	19 44 4	36 94 4	9 72 2	10 69 4	6 47 8
8	22 22 2	42 22 2	11 11 1	12 22 2	7 40 4
9	25 00 0	47 50 0	12 50 0	13 75 0	8 33 0
10	27 77 7	52 77 7	13 88 8	15 27 7	9 25 5
11	30 55 5	58 05 5	15 27 7	16 80 5	10 18 1
12	33 33 3	63 33 3	16 66 6	18 33 3	11 10 6
13	36 11 1	68 61 1	18 05 5	19 86 1	12 03 2
14	38 88 8	73 88 8	19 44 4	21 38 8	12 95 7
15	41 66 6	79 16 6	20 83 3	22 91 6	13 88 3
16	44 44 4	84 44 4	22 22 2	24 44 4	14 80 8
17	47 22 2	89 72 2	23 61 1	25 97 2	15 73 4
18	50 00 0	95 00 0	25 00 0	27 50 0	16 66 0
19	52 77 7	100 27 7	26 38 8	29 02 7	17 58 5
20	55 55 5	105 55 5	27 77 7	30 55 5	18 51 1
21	58 33 3	110 83 3	29 16 6	32 08 3	19 43 6
22	61 11 1	116 11 1	30 55 5	33 61 1	20 36 2
23	63 88 8	121 38 8	31 94 4	35 13 8	21 28 7
24	66 66 6	126 66 6	33 33 3	36 66 6	22 21 3
25	69 44 4	131 94 4	34 72 2	38 19 4	23 13 8
26	72 22 2	137 22 2	36 11 1	39 72 2	24 06 4
27	75 00 0	142 50 0	37 50 0	41 25 0	24 99 0
28	77 77 7	147 77 7	38 88 8	42 77 7	25 91 5
29	80 55 5	153 05 5	40 27 7	44 30 5	26 84 1
30	83 33 3	158 33 3	41 66 6	45 83 3	27 76 6
31	86 11 1	163 61 1	43 05 5	47 36 1	28 69 2
32	88 88 8	168 88 8	44 44 4	48 88 8	29 61 7
33	91 66 6	174 16 6	45 83 3	50 41 6	30 54 3
34	94 44 4	179 44 4	47 22 2	51 94 4	31 46 8
35	97 22 2	184 72 2	48 61 1	53 47 2	32 39 4
36	100 00 0	190 00 0	50 00 0	55 00 0	33 32 0
37	102 77 7	195 27 7	51 38 8	56 52 7	34 24 5
38	105 55 5	200 55 5	52 77 7	58 05 5	35 17 1
39	108 33 3	205 83 3	54 16 6	59 58 3	36 09 6
40	111 11 1	211 11 1	55 55 5	61 11 1	37 02 2
41	113 88 8	216 38 8	56 94 4	62 63 8	37 94 7
42	116 66 6	221 66 6	58 33 3	64 16 6	38 87 3
43	119 44 4	226 94 4	59 72 2	65 69 4	39 79 8
44	122 22 2	232 22 2	61 11 1	67 22 2	40 72 4
45	125 00 0	237 50 0	62 50 0	68 74 9	41 65 0
46	127 77 7	242 77 7	63 88 8	70 27 7	42 57 5
47	130 55 5	248 05 5	65 27 7	71 80 5	43 50 1
48	133 33 3	253 33 3	66 66 6	73 33 3	44 42 6
49	136 11 1	258 61 1	68 05 5	74 86 1	45 35 2
50	138 88 8	263 88 8	69 44 4	76 38 8	46 27 7

F

SOUS-LIEUTENANT.

Nombre de jours.	Solde en station et avec vivres de campagne.	Solde en route.	Solde en semestre.	Solde à l'hôpital.	Supplément de solde dans Paris.
	Fr. C. 9ᵉ	Fr. C. 9ᵉ	Fr. C. 9ᵉ	Fr. C. 9ᵉ	Fr. C. 9ᵉ
51	141 66 6	269 16 6	70 83 3	77 91 6	47 20 3
52	144 44 4	274 44 4	72 22 2	79 44 4	48 12 8
53	147 22 2	279 72 2	73 61 1	80 97 2	49 05 4
54	150 00 0	285 00 0	75 00 0	82 50 0	49 98 0
55	152 77 7	290 27 7	76 38 8	84 02 7	50 90 5
56	155 55 5	295 55 5	77 77 7	85 55 5	51 83 1
57	158 33 3	300 83 3	79 16 6	87 08 3	52 75 6
58	161 11 1	306 11 1	80 55 5	88 61 1	53 68 2
59	163 88 8	311 38 8	81 94 4	90 13 8	54 60 7
60	166 66 6	316 66 6	83 33 3	91 66 6	55 53 3
61	169 44 4	321 94 4	84 72 2	93 19 4	56 45 8
62	172 22 2	327 22 2	86 11 1	94 72 2	57 38 4
63	175 00 0	332 50 0	87 50 0	96 25 0	58 31 0
64	177 77 7	337 77 7	88 88 8	97 77 7	59 23 5
65	180 55 5	343 05 5	90 27 7	99 30 5	60 16 1
66	183 33 3	348 33 3	91 66 6	100 83 3	61 08 6
67	186 11 1	353 61 1	93 05 5	102 36 1	62 01 2
68	188 88 8	358 88 8	94 44 4	103 88 8	62 93 7
69	191 66 6	364 16 6	95 83 3	105 41 6	63 86 3
70	194 44 4	369 44 4	97 22 2	106 94 4	64 78 8
71	197 22 2	374 72 2	98 61 1	108 47 2	65 71 4
72	200 00 0	380 00 0	100 00 0	110 00 0	66 64 0
73	202 77 7	385 27 7	101 38 8	111 52 7	67 56 5
74	205 55 5	390 55 5	102 77 7	113 05 5	68 49 1
75	208 33 3	395 83 3	104 16 6	114 58 3	69 41 6
76	211 11 1	401 11 1	105 55 5	116 11 1	70 34 2
77	213 88 8	406 38 8	106 94 4	117 63 0	71 26 7
78	216 66 6	411 66 6	108 33 3	119 16 6	72 19 3
79	219 44 4	416 94 4	109 72 2	120 69 4	73 11 8
80	222 22 2	422 22 2	111 11 1	122 22 2	74 04 4
81	225 00 0	427 50 0	112 50 0	123 75 0	74 97 0
82	227 77 7	432 77 7	113 88 8	125 27 7	75 89 5
83	230 55 5	438 05 5	115 27 7	126 80 5	76 82 1
84	233 33 3	443 33 3	116 66 6	128 33 3	77 74 6
85	236 11 1	448 61 1	118 05 5	129 86 1	78 67 2
86	238 88 8	453 88 8	119 44 4	131 38 8	79 59 7
87	241 66 6	459 16 6	120 83 3	132 91 6	80 52 3
88	244 44 4	464 44 4	122 22 2	134 44 4	81 44 8
89	247 22 2	469 72 2	123 61 1	135 97 2	82 37 4
90	250 00 0	475 00 0	125 00 0	137 50 0	83 30 0
91	252 77 7	480 27 7	126 38 8	139 02 7	84 22 5
92	255 55 5	485 55 5	127 77 7	140 55 5	85 15 1
93	258 33 3	490 83 3	129 16 6	142 08 3	86 07 6
94	261 11 1	496 11 1	130 55 5	143 61 1	87 00 2
95	263 88 8	501 38 8	131 94 4	145 13 8	87 92 7
96	266 66 6	506 66 6	133 33 3	146 66 6	88 85 3
97	269 44 4	511 94 4	134 72 2	148 19 4	89 77 8
98	272 22 2	517 22 2	136 11 1	149 72 2	90 70 4
99	275 00 0	522 50 0	137 50 0	151 25 0	91 63 0
100	277 77 7	527 77 7	138 88 8	152 77 7	92 55 5

ADJUDANT-SOUS-OFFICIER.

Nombre de jours.	Solde avec vivres de campagne.		Solde en station sans vivres de campagne.		Solde en marche, avec le pain seulement.		Solde en semestre.		Solde à l'hôpital.			Supplément de solde dans Paris.	
	Fr.	C.	Fr.	C.	Fr.	C.	Fr.	C.	Fr.	C.	M.	Fr.	C.
1	1	60	1	75	2	60	»	80	»	53	3	»	54
2	3	20	3	50	5	20	1	60	1	06	6	1	08
3	4	80	5	25	7	80	2	40	1	59	9	1	62
4	6	40	7	00	10	40	3	20	2	13	2	2	16
5	8	00	8	75	13	00	4	00	2	66	5	2	70
6	9	60	10	50	15	60	4	80	3	19	8	3	24
7	11	20	12	25	18	20	5	60	3	73	1	3	78
8	12	80	14	00	20	80	6	40	4	26	4	4	32
9	14	40	15	75	23	40	7	20	4	79	7	4	86
10	16	00	17	50	26	00	8	00	5	33	0	5	40
11	17	60	19	25	28	60	8	80	5	86	3	5	94
12	19	20	21	00	31	20	9	60	6	39	6	6	48
13	20	80	22	75	33	80	10	40	6	92	9	7	02
14	22	40	24	50	36	40	11	20	7	46	2	7	56
15	24	00	26	25	39	00	12	00	7	99	5	8	10
16	25	60	28	00	41	60	12	80	8	52	8	8	64
17	27	20	29	75	44	20	13	60	9	06	1	9	18
18	28	80	31	50	46	80	14	40	9	59	4	9	72
19	30	40	33	25	49	40	15	20	10	12	7	10	26
20	32	00	35	00	52	00	16	00	10	66	0	10	80
21	33	60	36	75	54	60	16	80	11	19	3	11	34
22	35	20	38	50	57	20	17	60	11	72	6	11	88
23	36	80	40	25	59	80	18	40	12	25	9	12	42
24	38	40	42	00	62	40	19	20	12	79	2	12	96
25	40	00	43	75	65	00	20	00	13	32	5	13	50
26	41	60	45	50	67	60	20	80	13	85	8	14	04
27	43	20	47	25	70	20	21	60	14	39	1	14	58
28	44	80	49	00	72	80	22	40	14	92	4	15	12
29	46	40	50	75	75	40	23	20	15	45	7	15	66
30	48	00	52	50	78	00	24	00	15	99	0	16	20
31	49	60	54	25	80	60	24	80	16	52	3	16	74
32	51	20	56	00	83	20	25	60	17	05	6	17	28
33	52	80	57	75	85	80	26	40	17	58	9	17	82
34	54	40	59	50	88	40	27	20	18	12	2	18	36
35	56	00	61	25	91	00	28	00	18	65	5	18	90
36	57	60	63	00	93	60	28	80	19	18	8	19	44
37	59	20	64	75	96	20	29	60	19	72	1	19	98
38	60	80	66	50	98	80	30	40	20	25	4	20	52
39	62	40	68	25	101	40	31	20	20	78	7	21	06
40	64	00	70	00	104	00	32	00	21	32	0	21	60
41	65	60	71	75	106	60	32	80	21	85	3	22	14
42	67	20	73	50	109	20	33	60	22	38	6	22	68
43	68	80	75	25	111	80	34	40	22	91	9	23	22
44	70	40	77	00	114	40	35	20	23	45	2	23	76
45	72	00	78	75	117	00	36	00	23	98	5	24	30
46	73	60	80	50	119	60	36	80	24	51	8	24	84
47	75	20	82	25	122	20	37	60	25	05	1	25	38
48	76	80	84	00	124	80	38	40	25	58	4	25	92
49	78	40	85	75	127	40	39	20	26	11	7	26	46
50	80	00	87	50	130	00	40	00	26	65	0	27	00

ADJUDANT-SOUS-OFFICIER.

Nombre de jours.	Solde avec vivres de campagne.		Solde en station sans vivres de campagne.		Solde en marche, avec le pain seulement.		Solde en semestre.		Solde à l'hôpital.			Supplément de solde dans Paris.	
	Fr.	C.	Fr.	C.	Fr.	C.	Fr.	C.	Fr.	C.	M.	Fr.	C.
51	81	60	89	25	132	60	40	80	27	18	3	27	54
52	83	20	91	00	135	20	41	60	27	71	6	28	08
53	84	80	92	75	137	80	42	40	28	24	9	28	62
54	86	40	94	50	140	40	43	20	28	78	2	29	16
55	88	00	96	25	143	00	44	00	29	31	5	29	70
56	89	60	98	00	145	60	44	80	29	84	8	30	24
57	91	20	99	75	148	20	45	60	30	38	1	30	78
58	92	80	101	50	150	80	46	40	30	91	4	31	32
59	94	40	103	25	153	40	47	20	31	44	7	31	86
60	96	00	105	00	156	00	48	00	31	98	0	32	40
61	97	60	106	75	158	60	48	80	32	51	3	32	94
62	99	20	108	50	161	20	49	60	33	04	6	33	48
63	100	80	110	25	163	80	50	40	33	57	9	34	02
64	102	40	112	00	166	40	51	20	34	11	2	34	56
65	104	00	113	75	169	00	52	00	34	64	5	35	10
66	105	60	115	50	171	60	52	80	35	17	8	35	64
67	107	20	117	25	174	20	53	60	35	71	1	36	18
68	108	80	119	00	176	80	54	40	36	24	4	36	72
69	110	40	120	75	179	40	55	20	36	77	7	37	26
70	112	00	122	50	182	00	56	00	37	31	0	37	80
71	113	60	124	25	184	60	56	80	37	84	3	38	34
72	115	20	126	00	187	20	57	60	38	37	6	38	88
73	116	80	127	75	189	80	58	40	38	90	9	39	42
74	118	40	129	50	192	40	59	20	39	44	2	39	96
75	120	00	131	25	195	00	60	00	39	97	5	40	50
76	121	60	133	00	197	60	60	80	40	50	8	41	04
77	123	20	134	75	200	20	61	60	41	04	1	41	58
78	124	80	136	50	202	80	62	40	41	57	4	42	12
79	126	40	138	25	205	40	63	20	42	10	7	42	66
80	128	00	140	00	208	00	64	00	42	64	0	43	20
81	129	60	141	75	210	60	64	80	43	17	3	43	74
82	131	20	143	50	213	20	65	60	43	70	6	44	28
83	132	80	145	25	215	80	66	40	44	23	9	44	82
84	134	40	147	00	218	40	67	20	44	77	2	45	36
85	136	00	148	75	221	00	68	00	45	30	5	45	90
86	137	60	150	50	223	60	68	80	45	83	8	46	44
87	139	20	152	25	226	20	69	60	46	37	1	46	98
88	140	80	154	00	228	80	70	40	46	90	4	47	52
89	142	40	155	75	231	40	71	20	47	43	7	48	06
90	144	00	157	50	234	00	72	00	47	97	0	48	60
91	145	60	159	25	236	60	72	80	48	50	3	49	14
92	147	20	161	00	239	20	73	60	49	03	6	49	68
93	148	80	162	75	241	80	74	40	49	56	9	50	22
94	150	40	164	50	244	40	75	20	50	10	2	50	76
95	152	00	166	25	247	00	76	00	50	63	5	51	30
96	153	60	168	00	249	60	76	80	51	16	8	51	84
97	155	20	169	75	252	20	77	60	51	70	1	52	38
98	156	80	171	50	254	80	78	40	52	23	4	52	92
99	158	40	173	25	257	40	79	20	52	76	7	53	46
100	160	00	175	00	260	00	80	00	53	30	0	54	00

TAMBOUR-MAJOR.

Nombre de jours.	Solde avec vivres de campagne.		Solde en station sans vivres de campagne.		Solde en marche, avec le pain seulement.		Solde en semestre.		Solde à l'hôpital.		Supplément de solde dans Paris.	
	Fr.	C.	Fr.	C.	Fr.	C.	Fr.	C.	Fr.	C.	Fr.	C.
1	=	80	=	95	1	20	=	40	=	10	=	22
2	1	60	1	90	2	40	=	80	=	20	=	44
3	2	40	2	85	3	60	1	20	=	30	=	66
4	3	20	3	80	4	80	1	60	=	40	=	88
5	4	00	4	75	6	00	2	00	=	50	1	10
6	4	80	5	70	7	20	2	40	=	60	1	32
7	5	60	6	65	8	40	2	80	=	70	1	54
8	6	40	7	60	9	60	3	20	=	80	1	76
9	7	20	8	55	10	80	3	60	=	96	1	98
10	8	00	9	50	12	00	4	00	1	00	2	20
11	8	80	10	45	13	20	4	40	1	10	2	42
12	9	60	11	40	14	40	4	80	1	20	2	64
13	10	40	12	35	15	60	5	20	1	30	2	86
14	11	20	13	30	16	80	5	60	1	40	3	08
15	12	00	14	25	18	00	6	00	1	50	3	30
16	12	80	15	20	19	20	6	40	1	60	3	52
17	13	60	16	15	20	40	6	80	1	70	3	74
18	14	40	17	10	21	60	7	20	1	80	3	96
19	15	20	18	05	22	80	7	60	1	90	4	18
20	16	00	19	00	24	00	8	00	2	00	4	40
21	16	80	19	95	25	20	8	40	2	10	4	62
22	17	60	20	90	26	40	8	80	2	20	4	84
23	18	40	21	85	27	60	9	20	2	30	5	06
24	19	20	22	80	28	80	9	60	2	40	5	28
25	20	00	23	75	30	00	10	00	2	50	5	50
26	20	80	24	70	31	20	10	40	2	60	5	72
27	21	60	25	65	32	40	10	80	2	70	5	94
28	22	40	26	60	33	60	11	20	2	80	6	16
29	23	20	27	55	34	80	11	60	2	90	6	38
30	24	00	28	50	36	00	12	00	3	00	6	60
31	24	80	29	45	37	20	12	40	3	10	6	82
32	25	60	30	40	38	40	12	80	3	20	7	04
33	26	40	31	35	39	60	13	20	3	30	7	26
34	27	20	32	30	40	80	13	60	3	40	7	48
35	28	00	33	25	42	00	14	00	3	50	7	70
36	28	80	34	20	43	20	14	40	3	60	7	92
37	29	60	35	15	44	40	14	80	3	70	8	14
38	30	40	36	10	45	60	15	20	3	80	8	36
39	31	20	37	05	46	80	15	60	3	90	8	58
40	32	00	38	00	48	00	16	00	4	00	8	80
41	32	80	38	95	49	20	16	40	4	10	9	02
42	33	60	39	90	50	40	16	80	4	20	9	24
43	34	40	40	85	51	60	17	20	4	30	9	46
44	35	20	41	80	52	80	17	60	4	40	9	68
45	36	00	42	75	54	00	18	00	4	50	9	90
46	36	80	43	70	55	20	18	40	4	60	10	12
47	37	60	44	65	56	40	18	80	4	70	10	34
48	38	40	45	60	57	60	19	20	4	80	10	56
49	39	20	46	55	58	80	19	60	4	90	10	78
50	40	00	47	50	60	00	20	00	5	00	11	00

TAMBOUR-MAJOR.

Nombre de jours.	Solde avec vivres de campagne.		Solde en station sans vivres de campagne.		Solde en marche avec le pain seulement.		Solde en semestre.		Solde à l'hôpital.		Supplément de solde dans Paris.	
	Fr.	C.	Fr.	C.	Fr.	C.	Fr.	C.	Fr.	C.	Fr.	C.
51	40	80	48	45	61	20	20	40	5	10	11	22
52	41	60	49	40	62	40	20	80	5	20	11	44
53	42	40	50	35	63	60	21	20	5	30	11	66
54	43	20	51	30	64	80	21	60	5	40	11	88
55	44	00	52	25	66	00	22	00	5	50	12	10
56	44	80	53	20	67	20	22	40	5	60	12	32
57	45	60	54	15	68	40	22	80	5	70	12	54
58	46	40	55	10	69	60	23	20	5	80	12	76
59	47	20	56	05	70	80	23	60	5	90	12	98
60	48	00	57	00	72	00	24	00	6	00	13	20
61	48	80	57	95	73	20	24	40	6	10	13	42
62	49	60	58	90	74	40	24	80	6	20	13	64
63	50	40	59	85	75	60	25	20	6	30	13	86
64	51	20	60	80	76	80	25	60	6	40	14	08
65	52	00	61	75	78	00	26	00	6	50	14	30
66	52	80	62	70	79	20	26	40	6	60	14	52
67	53	60	63	65	80	40	26	80	6	70	14	74
68	54	40	64	60	81	60	27	20	6	80	14	96
69	55	20	65	55	82	80	27	60	6	90	15	18
70	56	00	66	50	84	00	28	00	7	00	15	40
71	56	80	67	45	85	20	28	40	7	10	15	62
72	57	60	68	40	86	40	28	80	7	20	15	84
73	58	40	69	35	87	60	29	20	7	30	16	06
74	59	20	70	30	88	80	29	60	7	40	16	28
75	60	00	71	25	90	00	30	00	7	50	16	50
76	60	80	72	20	91	20	30	40	7	60	16	72
77	61	60	73	15	92	40	30	80	7	70	16	94
78	62	40	74	10	93	60	31	20	7	80	17	16
79	63	20	75	05	94	80	31	60	7	90	17	38
80	64	00	76	00	96	00	32	00	8	00	17	60
81	64	80	76	95	97	20	32	40	8	10	17	82
82	65	60	77	90	98	40	32	80	8	20	18	04
83	66	40	78	85	99	60	33	20	8	30	18	26
84	67	20	79	80	100	80	33	60	8	40	18	48
85	68	00	80	75	102	00	34	00	8	50	18	70
86	68	80	81	70	103	20	34	40	8	60	18	92
87	69	60	82	65	104	40	34	80	8	70	19	14
88	70	40	83	60	105	60	35	20	8	80	19	36
89	71	20	84	55	106	80	35	60	8	90	19	58
90	72	00	85	50	108	00	36	00	9	00	19	80
91	72	80	86	45	109	20	36	40	9	10	20	02
92	73	60	87	40	110	40	36	80	9	20	20	24
93	74	40	88	35	111	60	37	20	9	30	20	46
94	75	20	89	30	112	80	37	60	9	40	20	68
95	76	00	90	25	114	00	38	00	9	50	20	90
96	76	80	91	20	115	20	38	40	9	60	21	12
97	77	60	92	15	116	40	38	80	9	70	21	34
98	78	40	93	10	117	60	39	20	9	80	21	56
99	79	20	94	05	118	80	39	60	9	90	21	78
100	80	00	95	00	120	00	40	00	10	00	22	00

CAPORAL-TAMBOUR.

Nombre de jours.	Solde avec vivres de campagne.		Solde en station sans vivres de campagne.		Solde en marche, avec le pain seulement.		Solde en semestre.			Solde à l'hôpital.		Supplément de solde dans Paris.		
	Fr.	C.	Fr.	C.	Fr.	C.	Fr.	C.	M.	Fr.	C.	Fr.	C.	M.
1	=	55	=	70	=	80	=	32	5	=	20	=	12	5
2	1	10	1	40	1	60	=	65	0	=	40	=	25	0
3	1	65	2	10	2	40	=	97	5	=	60	=	37	5
4	2	20	2	80	3	20	1	30	0	=	80	=	50	0
5	2	75	3	50	4	00	1	62	5	1	00	=	62	5
6	3	30	4	20	4	80	1	95	0	1	20	=	75	0
7	3	85	4	90	5	60	2	27	5	1	40	=	87	5
8	4	40	5	60	6	40	2	60	0	1	60	1	00	0
9	4	95	6	30	7	20	2	92	5	1	80	1	12	5
10	5	50	7	00	8	00	3	25	0	2	00	1	25	0
11	6	05	7	70	8	80	3	57	5	2	20	1	37	5
12	6	60	8	40	9	60	3	90	0	2	40	1	50	0
13	7	15	9	10	10	40	4	22	5	2	60	1	62	5
14	7	70	9	80	11	20	4	55	0	2	80	1	75	0
15	8	25	10	50	12	00	4	87	5	3	00	1	87	5
16	8	80	11	20	12	80	5	20	0	3	20	2	00	0
17	9	35	11	90	13	60	5	52	5	3	40	2	12	5
18	9	90	12	60	14	40	5	85	0	3	60	2	25	0
19	10	45	13	30	15	20	6	17	5	3	80	2	37	5
20	11	00	14	00	16	00	6	50	0	4	00	2	50	0
21	11	55	14	70	16	80	6	82	5	4	20	2	62	5
22	12	10	15	40	17	60	7	15	0	4	40	2	75	0
23	12	65	16	10	18	40	7	47	5	4	60	2	87	5
24	13	20	16	80	19	20	7	80	0	4	80	3	00	0
25	13	75	17	50	20	00	8	12	5	5	00	3	12	5
26	14	30	18	20	20	80	8	45	0	5	20	3	25	0
27	14	85	18	90	21	60	8	77	5	5	40	3	37	5
28	15	40	19	60	22	40	9	10	0	5	60	3	50	0
29	15	95	20	30	23	20	9	42	5	5	80	3	62	5
30	16	50	21	00	24	00	9	75	0	6	00	3	75	0
31	17	05	21	70	24	80	10	07	5	6	20	3	87	5
32	17	60	22	40	25	60	10	40	0	6	40	4	00	0
33	18	15	23	10	26	40	10	72	5	6	60	4	12	5
34	18	70	23	80	27	20	11	05	0	6	80	4	25	0
35	19	25	24	50	28	00	11	37	5	7	00	4	37	5
36	19	80	25	20	28	80	11	70	0	7	20	4	50	0
37	20	35	25	90	29	60	12	02	5	7	40	4	62	5
38	20	90	26	60	30	40	12	35	0	7	60	4	75	0
39	21	45	27	30	31	20	12	67	5	7	80	4	87	5
40	22	00	28	00	32	00	13	00	0	8	00	5	00	0
41	22	55	28	70	32	80	13	32	5	8	20	5	12	5
42	23	10	29	40	33	60	13	65	0	8	40	5	25	0
43	23	65	30	10	34	40	13	97	5	8	60	5	37	5
44	24	20	30	80	35	20	14	30	0	8	80	5	50	0
45	24	75	31	50	36	00	14	62	5	9	00	5	62	5
46	25	30	32	20	36	80	14	95	0	9	20	5	75	0
47	25	85	32	90	37	60	15	27	5	9	40	5	87	5
48	26	40	33	60	38	40	15	60	0	9	60	6	00	0
49	26	95	34	30	39	20	15	92	5	9	80	6	12	5
50	27	50	35	00	40	00	16	25	0	10	00	6	25	0

CAPORAL-TAMBOUR.

Nombre de jours.	Solde avec vivres de campagne.		Solde en station sans vivres de campagne.		Solde en marche, avec le pain seulement.		Solde en semestre.			Solde à l'hôpital.		Supplément de solde dans Paris.		
	Fr.	C.	Fr.	C.	Fr.	C.	Fr.	C.	M.	Fr.	C.	Fr.	C.	M.
51	28	05	35	70	40	80	16	57	5	10	20	6	37	5
52	28	60	36	40	41	60	16	90	0	10	40	6	50	0
53	29	15	37	10	42	40	17	22	5	10	60	6	62	5
54	29	70	37	80	43	20	17	55	0	10	80	6	75	0
55	30	25	38	50	44	00	17	87	5	11	00	6	87	5
56	30	80	39	20	44	80	18	20	0	11	20	7	00	0
57	31	35	39	90	45	60	18	52	5	11	40	7	12	5
58	31	90	40	60	46	40	18	85	0	11	60	7	25	0
59	32	45	41	30	47	20	19	17	5	11	80	7	37	5
60	33	00	42	00	48	00	19	50	0	12	00	7	50	0
61	33	55	42	70	48	80	19	82	5	12	20	7	62	5
62	34	10	43	40	49	60	20	15	0	12	40	7	75	0
63	34	65	44	10	50	40	20	47	5	12	60	7	87	5
64	35	20	44	80	51	20	20	80	0	12	80	8	00	0
65	35	75	45	50	52	00	21	12	5	13	00	8	12	5
66	36	30	46	20	52	80	21	45	0	13	20	8	25	0
67	36	85	46	90	53	60	21	77	5	13	40	8	37	5
68	37	40	47	60	54	40	22	10	0	13	60	8	50	0
69	37	95	48	30	55	20	22	42	5	13	80	8	62	5
70	38	50	49	00	56	00	22	75	0	14	00	8	75	0
71	39	05	49	70	56	80	23	07	5	14	20	8	87	5
72	39	60	50	40	57	60	23	40	0	14	40	9	00	0
73	40	15	51	10	58	40	23	72	5	14	60	9	12	5
74	40	70	51	80	59	20	24	05	0	14	80	9	25	0
75	41	25	52	50	60	00	24	37	5	15	00	9	37	5
76	41	80	53	20	60	80	24	70	0	15	20	9	50	0
77	42	35	53	90	61	60	25	02	5	15	40	9	62	5
78	42	90	54	60	62	40	25	35	0	15	60	9	75	0
79	43	45	55	30	63	20	25	67	5	15	80	9	87	5
80	44	00	56	00	64	00	26	00	0	16	00	10	00	0
81	44	55	56	70	64	80	26	32	5	16	20	10	12	5
82	45	10	57	40	65	60	26	65	0	16	40	10	25	0
83	45	65	58	10	66	40	26	97	5	16	60	10	37	5
84	46	20	58	80	67	20	27	30	0	16	80	10	50	0
85	46	75	59	50	68	00	27	62	5	17	00	10	62	5
86	47	30	60	20	68	80	27	95	0	17	20	10	75	0
87	47	85	60	90	69	60	28	27	5	17	40	10	87	5
88	48	40	61	60	70	40	28	60	0	17	60	11	00	0
89	48	95	62	30	71	20	28	92	5	17	80	11	12	5
90	49	50	63	00	72	00	29	25	0	18	00	11	25	0
91	50	05	63	70	72	80	29	57	5	18	20	11	37	5
92	50	60	64	40	73	60	29	90	0	18	40	11	50	0
93	51	15	65	10	74	40	30	22	5	18	60	11	62	5
94	51	70	65	80	75	20	30	55	0	18	80	11	75	0
95	52	25	66	50	76	00	30	87	5	19	00	11	87	5
96	52	80	67	20	76	80	31	20	0	19	20	12	00	0
97	53	35	67	90	77	60	31	52	5	19	40	12	12	5
98	53	90	68	60	78	40	31	85	0	19	60	12	25	0
99	54	45	69	30	79	20	32	17	5	19	80	12	37	5
100	55	00	70	00	80	00	32	50	0	20	00	12	50	0

MUSICIEN.

Nombre de jours	Solde avec vivres de campagne.		Solde en station sans vivres de campagne.		Solde en marche avec le pain seulement.		Solde en semestre.			Solde à l'hôpital.		Supplément de solde dans Paris.		
	Fr.	C.	Fr.	C.	Fr.	C.	Fr.	C.	M.	Fr.	C.	Fr.	C.	M.
1	=	55	=	70	=	80	=	27	5	=	10	=	17	5
2	1	10	1	40	1	60	=	55	0	=	20	=	35	0
3	1	65	2	10	2	40	=	82	5	=	30	=	52	5
4	2	20	2	80	3	20	1	10	0	=	40	=	70	0
5	2	75	3	50	4	00	1	37	5	=	50	=	87	5
6	3	30	4	20	4	80	1	65	0	=	60	1	05	0
7	3	85	4	90	5	60	1	92	5	=	70	1	22	5
8	4	40	5	60	6	40	2	20	0	=	80	1	40	0
9	4	95	6	30	7	20	2	47	5	=	90	1	57	5
10	5	50	7	00	8	00	2	75	0	1	00	1	75	0
11	6	05	7	70	8	80	3	02	5	1	10	1	92	5
12	6	60	8	40	9	60	3	30	0	1	20	2	10	0
13	7	15	9	10	10	40	3	57	5	1	30	2	27	5
14	7	70	9	80	11	20	3	85	0	1	40	2	45	0
15	8	25	10	50	12	00	4	12	5	1	50	2	62	5
16	8	80	11	20	12	80	4	40	0	1	60	2	80	0
17	9	35	11	90	13	60	4	67	5	1	70	2	97	5
18	9	90	12	60	14	40	4	95	0	1	80	3	15	0
19	10	45	13	30	15	20	5	22	5	1	90	3	32	5
20	11	00	14	00	16	00	5	50	0	2	00	3	50	0
21	11	55	14	70	16	80	5	77	5	2	10	3	67	5
22	12	10	15	40	17	60	6	05	0	2	20	3	85	0
23	12	65	16	10	18	40	6	32	5	2	30	4	02	5
24	13	20	16	80	19	20	6	60	0	2	40	4	20	0
25	13	75	17	50	20	00	6	87	5	2	50	4	37	5
26	14	30	18	20	20	80	7	15	0	2	60	4	55	0
27	14	85	18	90	21	60	7	42	5	2	70	4	72	5
28	15	40	19	60	22	40	7	70	0	2	80	4	90	0
29	15	95	20	30	23	20	7	97	5	2	90	5	07	5
30	16	50	21	00	24	00	8	25	0	3	00	5	25	0
31	17	05	21	70	24	80	8	52	5	3	10	5	42	5
32	17	60	22	40	25	60	8	80	0	3	20	5	60	0
33	18	15	23	10	26	40	9	07	5	3	30	5	77	5
34	18	70	23	80	27	20	9	35	0	3	40	5	95	0
35	19	25	24	50	28	00	9	62	5	3	50	6	12	5
36	19	80	25	20	28	80	9	90	0	3	60	6	30	0
37	20	35	25	90	29	60	10	17	5	3	70	6	47	5
38	20	90	26	60	30	40	10	45	0	3	80	6	65	0
39	21	45	27	30	31	20	10	72	5	3	90	6	82	5
40	22	00	28	00	32	00	11	00	0	4	00	7	00	0
41	22	55	28	70	32	80	11	27	5	4	10	7	17	5
42	23	10	29	40	33	60	11	55	0	4	20	7	35	0
43	23	65	30	10	34	40	11	82	5	4	30	7	52	5
44	24	20	30	80	35	20	12	10	0	4	40	7	70	0
45	24	75	31	50	36	00	12	37	5	4	50	7	87	5
46	25	30	32	20	36	80	12	65	0	4	60	8	05	0
47	25	85	32	90	37	60	12	92	5	4	70	8	22	5
48	26	40	33	60	38	40	13	20	0	4	80	8	40	0
49	26	95	34	30	39	20	13	47	5	4	90	8	57	5
50	27	50	35	00	40	00	13	75	0	5	00	8	75	0

F

MUSICIEN.

Nombre de jours.	Solde avec vivres de campagne.		Solde en station sans vivres de campagne.		Solde en marche, avec le pain seulement.		Solde en semestre.			Solde à l'hôpital.		Supplément de solde dans Paris.		
	Fr.	C.	Fr.	C.	Fr.	C.	Fr.	C.	M.	Fr.	C.	Fr.	C.	M.
51	28	05	35	70	40	80	14	02	5	5	10	8	92	5
52	28	60	36	40	41	60	14	30	0	5	20	9	10	0
53	29	15	37	10	42	40	14	57	5	5	30	9	27	5
54	29	70	37	80	43	20	14	85	0	5	40	9	45	0
55	30	25	38	50	44	00	15	12	5	5	50	9	62	5
56	30	80	39	20	44	80	15	40	0	5	60	9	80	0
57	31	35	39	90	45	60	15	67	5	5	70	9	97	5
58	31	90	40	60	46	40	15	95	0	5	80	10	15	0
59	32	45	41	30	47	20	16	22	5	5	90	10	32	5
60	33	00	42	00	48	00	16	50	0	6	00	10	50	0
61	33	55	42	70	48	80	16	77	5	6	10	10	67	5
62	34	10	43	40	49	60	17	05	0	6	20	10	85	0
63	34	65	44	10	50	40	17	32	5	6	30	11	02	5
64	35	20	44	80	51	20	17	60	0	6	40	11	20	0
65	35	75	45	50	52	00	17	87	5	6	50	11	37	5
66	36	30	46	20	52	80	18	15	0	6	60	11	55	0
67	36	85	46	90	53	60	18	42	5	6	70	11	72	5
68	37	40	47	60	54	40	18	70	0	6	80	11	90	0
69	37	95	48	30	55	20	18	97	5	6	90	12	07	5
70	38	50	49	00	56	00	19	25	0	7	00	12	25	0
71	39	05	49	70	56	80	19	52	5	7	10	12	42	5
72	39	60	50	40	57	60	19	80	0	7	20	12	60	0
73	40	15	51	10	58	40	20	07	5	7	30	12	77	5
74	40	70	51	80	59	20	20	35	0	7	40	12	95	0
75	41	25	52	50	60	00	20	62	5	7	50	13	12	5
76	41	80	53	20	60	80	20	90	0	7	60	13	30	0
77	42	35	53	90	61	60	21	17	5	7	70	13	47	5
78	42	90	54	60	62	40	21	45	0	7	80	13	65	0
79	43	45	55	30	63	20	21	72	5	7	90	13	82	5
80	44	00	56	00	64	00	22	00	0	8	00	14	00	0
81	44	55	56	70	64	80	22	27	5	8	10	14	17	5
82	45	10	57	40	65	60	22	55	0	8	20	14	35	0
83	45	65	58	10	66	40	22	82	5	8	30	14	52	5
84	46	20	58	80	67	20	23	10	0	8	40	14	70	0
85	46	75	59	50	68	00	23	37	5	8	50	14	87	5
86	47	30	60	20	68	80	23	65	0	8	60	15	05	0
87	47	85	60	90	69	60	23	92	5	8	70	15	22	5
88	48	40	61	60	70	40	24	20	0	8	80	15	40	0
89	48	95	62	30	71	20	24	47	5	8	90	15	57	5
90	49	50	63	00	72	00	24	75	0	9	00	15	75	0
91	50	05	63	70	72	80	25	02	5	9	10	15	92	5
92	50	60	64	40	73	60	25	30	0	9	20	16	10	0
93	51	15	65	10	74	40	25	57	5	9	30	16	27	5
94	51	70	65	80	75	20	25	85	0	9	40	16	45	0
95	52	25	66	50	76	00	26	12	5	9	50	16	62	5
96	52	80	67	20	76	80	26	40	0	9	60	16	80	0
97	53	35	67	90	77	60	26	67	5	9	70	16	97	5
98	53	90	68	60	78	40	26	95	0	9	80	17	15	0
99	54	45	69	30	79	20	27	22	5	9	90	17	32	5
100	55	00	70	00	80	00	27	50	0	10	00	17	50	0

MAITRE-OUVRIER; PRÉVOT (*Infanterie suisse*). 43

Nombre de jours.	Solde avec vivres de campagne.		Solde en station sans vivres de campagne.		Solde en marche, avec le pain seulement.		Solde en semestre.		Solde à l'hôpital.		Supplément de solde dans Paris.	
	Fr.	C.	Fr.	C.	Fr.	C.	Fr.	C.	Fr.	C.	Fr.	C.
1	=	30	=	45	=	55	=	15	=	10	=	05
2	=	60	=	90	1	10	=	30	=	20	=	10
3	=	90	1	35	1	65	=	45	=	30	=	15
4	1	20	1	80	2	20	=	60	=	40	=	20
5	1	50	2	25	2	75	=	75	=	50	=	25
6	1	80	2	70	3	30	=	90	=	60	=	30
7	2	10	3	15	3	85	1	05	=	70	=	35
8	2	40	3	60	4	40	1	20	=	80	=	40
9	2	70	4	05	4	95	1	35	=	90	=	45
10	3	=	4	50	5	50	1	50	1	=	=	50
11	3	30	4	95	6	05	1	65	1	10	=	55
12	3	60	5	40	6	60	1	80	1	20	=	60
13	3	90	5	85	7	15	1	95	1	30	=	65
14	4	20	6	30	7	70	2	10	1	40	=	70
15	4	50	6	75	8	25	2	25	1	50	=	75
16	4	80	7	20	8	80	2	40	1	60	=	80
17	5	10	7	65	9	35	2	55	1	70	=	85
18	5	40	8	10	9	90	2	70	1	80	=	90
19	5	70	8	55	10	45	2	85	1	90	=	95
20	6	=	9	=	11	=	3	=	2	=	1	=
21	6	30	9	45	11	55	3	15	2	10	1	05
22	6	60	9	90	12	10	3	30	2	20	1	10
23	6	90	10	35	12	65	3	45	2	30	1	15
24	7	20	10	80	13	20	3	60	2	40	1	20
25	7	50	11	25	13	75	3	75	2	50	1	25
26	7	80	11	70	14	30	3	90	2	60	1	30
27	8	10	12	15	14	85	4	05	2	70	1	35
28	8	40	12	60	15	40	4	20	2	80	1	40
29	8	70	13	05	15	95	4	35	2	90	1	45
30	9	=	13	50	16	50	4	50	3	=	1	50
31	9	30	13	95	17	05	4	65	3	10	1	55
32	9	60	14	40	17	60	4	80	3	20	1	60
33	9	90	14	85	18	15	4	95	3	30	1	65
34	10	20	15	30	18	70	5	10	3	40	1	70
35	10	50	15	75	19	25	5	25	3	50	1	75
36	10	80	16	20	19	80	5	40	3	60	1	80
37	11	10	16	65	20	35	5	55	3	70	1	85
38	11	40	17	10	20	90	5	70	3	80	1	90
39	11	70	17	55	21	45	5	85	3	90	1	95
40	12	=	18	=	22	=	6	=	4	=	2	=
41	12	30	18	45	22	55	6	15	4	10	2	05
42	12	60	18	90	23	10	6	30	4	20	2	10
43	12	90	19	35	23	65	6	45	4	30	2	15
44	13	20	19	80	24	20	6	60	4	40	2	20
45	13	50	20	25	24	75	6	75	4	50	2	25
46	13	80	20	70	25	30	6	90	4	60	2	30
47	14	10	21	15	25	85	7	05	4	70	2	35
48	14	40	21	60	26	40	7	20	4	80	2	40
49	14	70	22	05	26	95	7	35	4	90	2	45
50	15	=	22	50	27	50	7	50	5	=	2	50

MAITRE-OUVRIER, PRÉVÔT (*Infanterie suisse*).

Nombre de jours	Solde avec vivres de campagne.		Solde en station sans vivres de campagne.		Solde en marche, avec le pain seulement.		Solde en semestre.		Solde à l'hôpital.		Supplément de solde dans Paris.	
	Fr.	C.	Fr.	C.	Fr.	C.	Fr.	C.	Fr.	C.	Fr.	C.
51	15	30	22	95	28	05	7	65	5	10	2	55
52	15	60	23	40	28	60	7	80	5	20	2	60
53	15	90	23	85	29	15	7	95	5	30	2	65
54	16	20	24	30	29	70	8	10	5	40	2	70
55	16	50	24	75	30	25	8	25	5	50	2	75
56	16	80	25	20	30	80	8	40	5	60	2	80
57	17	10	25	65	31	35	8	55	5	70	2	85
58	17	40	26	10	31	90	8	70	5	80	2	90
59	17	70	26	55	32	45	8	85	5	90	2	95
60	18	=	27	=	33	=	9	=	6	=	3	=
61	18	30	27	45	33	55	9	15	6	10	3	05
62	18	60	27	90	34	10	9	30	6	20	3	10
63	18	90	28	35	34	65	9	45	6	30	3	15
64	19	20	28	80	35	20	9	60	6	40	3	20
65	19	50	29	25	35	75	9	75	6	50	3	25
66	19	80	29	70	36	30	9	90	6	60	3	30
67	20	10	30	15	36	85	10	05	6	70	3	35
68	20	40	30	60	37	40	10	20	6	80	3	40
69	20	70	31	05	37	95	10	35	6	90	3	45
70	21	=	31	50	38	50	10	50	7	=	3	50
71	21	30	31	95	39	05	10	65	7	10	3	55
72	21	60	32	40	39	60	10	80	7	20	3	60
73	21	90	32	85	40	15	10	95	7	30	3	65
74	22	20	33	30	40	70	11	10	7	40	3	70
75	22	50	33	75	41	25	11	25	7	50	3	75
76	22	80	34	20	41	80	11	40	7	60	3	80
77	23	10	34	65	42	35	11	55	7	70	3	85
78	23	40	35	10	42	90	11	70	7	80	3	90
79	23	70	35	55	43	45	11	85	7	90	3	95
80	24	=	36	=	44	=	12	=	8	=	4	=
81	24	30	36	45	44	55	12	15	8	10	4	05
82	24	60	36	90	45	10	12	30	8	20	4	10
83	24	90	37	35	45	65	12	45	8	30	4	15
84	25	20	37	80	46	20	12	60	8	40	4	20
85	25	50	38	25	46	75	12	75	8	50	4	25
86	25	80	38	70	47	30	12	90	8	60	4	30
87	26	10	39	15	47	85	13	05	8	70	4	35
88	26	40	39	60	48	40	13	20	8	80	4	40
89	26	70	40	05	48	95	13	35	8	90	4	45
90	27	=	40	50	49	50	13	50	9	=	4	50
91	27	30	40	95	50	05	13	65	9	10	4	55
92	27	60	41	40	50	60	13	80	9	20	4	60
93	27	90	41	85	51	15	13	95	9	30	4	65
94	28	20	42	30	51	70	14	10	9	40	4	70
95	28	50	42	75	52	25	14	25	9	50	4	75
96	28	80	43	20	52	80	14	40	9	60	4	80
97	29	10	43	65	53	35	14	55	9	70	4	85
98	29	40	44	10	53	90	14	70	9	80	4	90
99	29	70	44	55	54	45	14	85	9	90	4	95
100	30	=	45	=	55	=	15	=	10	=	5	=

SERGENT-MAJOR D'ÉLITE.

Nombre de jours.	Solde avec vivres de campagne.	Solde en station sans vivres de campagne.	Solde en marche, avec le pain seulement.	Solde en semestre.	Solde à l'hôpital.	Supplément de solde dans Paris.
	Fr. C.	Fr. C.	Fr. C.	Fr. C. M.	Fr. C.	Fr. C.
1	= 85	1 =	1 25	= 42 5	= 10	= 24
2	1 70	2 =	2 50	= 85 =	= 20	= 48
3	2 55	3 =	3 75	1 27 5	= 30	= 72
4	3 40	4 =	5 =	1 70 =	= 40	= 96
5	4 25	5 =	6 25	2 12 5	= 50	1 20
6	5 10	6 =	7 50	2 55 =	= 60	1 44
7	5 95	7 =	8 75	2 97 5	= 70	1 68
8	6 80	8 =	10 =	3 40 =	= 80	1 92
9	7 65	9 =	11 25	3 82 5	= 90	2 16
10	8 50	10 =	12 50	4 25 =	1 =	2 40
11	9 35	11 =	13 75	4 67 5	1 10	2 64
12	10 20	12 =	15 =	5 10 =	1 20	2 88
13	11 05	13 =	16 25	5 52 5	1 30	3 12
14	11 90	14 =	17 50	5 95 =	1 40	3 36
15	12 75	15 =	18 75	6 37 5	1 50	3 60
16	13 60	16 =	20 =	6 80 =	1 60	3 84
17	14 45	17 =	21 25	7 22 5	1 70	4 08
18	15 30	18 =	22 50	7 65 =	1 80	4 32
19	16 15	19 =	23 75	8 07 5	1 90	4 56
20	17 =	20 =	25 =	8 50 =	2 =	4 80
21	17 85	21 =	26 25	8 92 5	2 10	5 04
22	18 70	22 =	27 50	9 35 =	2 20	5 28
23	19 55	23 =	28 75	9 77 5	2 30	5 52
24	20 40	24 =	30 =	10 20 =	2 40	5 76
25	21 25	25 =	31 25	10 62 5	2 50	6 =
26	22 10	26 =	32 50	11 05 =	2 60	6 24
27	22 95	27 =	33 75	11 47 5	2 70	6 48
28	23 80	28 =	35 =	11 90 =	2 80	6 72
29	24 65	29 =	36 25	12 32 5	2 90	6 96
30	25 50	30 =	37 50	12 75 =	3 =	7 20
31	26 35	31 =	38 75	13 17 5	3 10	7 44
32	27 20	32 =	40 =	13 60 =	3 20	7 68
33	28 05	33 =	41 25	14 02 5	3 30	7 92
34	28 90	34 =	42 50	14 45 =	3 40	8 16
35	29 75	35 =	43 75	14 87 5	3 50	8 40
36	30 60	36 =	45 =	15 30 =	3 60	8 64
37	31 45	37 =	46 25	15 72 5	3 70	8 88
38	32 30	38 =	47 50	16 15 =	3 80	9 12
39	33 15	39 =	48 75	16 57 5	3 90	9 36
40	34 =	40 =	50 =	17 =	4 =	9 60
41	34 85	41 =	51 25	17 42 5	4 10	9 84
42	35 70	42 =	52 50	17 85 =	4 20	10 08
43	36 55	43 =	53 75	18 27 5	4 30	10 32
44	37 40	44 =	55 =	18 70 =	4 40	10 56
45	38 25	45 =	56 25	19 12 5	4 50	10 80
46	39 10	46 =	57 50	19 55 =	4 60	11 04
47	39 95	47 =	58 75	19 97 5	4 70	11 28
48	40 80	48 =	60 =	20 40 =	4 80	11 52
49	41 65	49 =	61 25	20 82 5	4 90	11 76
50	42 50	50 =	62 50	21 25 =	5 =	12 =

SERGENT-MAJOR D'ÉLITE.

Nombre de jours.	Solde avec vivres de campagne.	Solde en station sans vivres de campagne.	Solde en marche, avec le pain seulement.	Solde en semestre.	Solde à l'hôpital.	Supplément de solde dans Paris.
	Fr. C.	Fr. C.	Fr. C.	Fr. C. M.	Fr. C.	Fr. C.
51	43 35	51 =	63 75	21 67 5	5 10	12 24
52	44 20	52 =	65 =	22 10 =	5 20	12 48
53	45 05	53 =	66 25	22 52 5	5 30	12 72
54	45 90	54 =	67 50	22 95 =	5 40	12 96
55	46 75	55 =	68 75	23 37 5	5 50	13 20
56	47 60	56 =	70 =	23 80 =	5 60	13 44
57	48 45	57 =	71 25	24 22 5	5 70	13 68
58	49 30	58 =	72 50	24 65 =	5 80	13 92
59	50 15	59 =	73 75	25 07 5	5 90	14 16
60	51 =	60 =	75 =	25 50 =	6 =	14 40
61	51 85	61 =	76 25	25 92 5	6 10	14 64
62	52 70	62 =	77 50	26 35 =	6 20	14 88
63	53 55	63 =	78 75	26 77 5	6 30	15 12
64	54 40	64 =	80 =	27 20 =	6 40	15 36
65	55 25	65 =	81 25	27 62 5	6 50	15 60
66	56 10	66 =	82 50	28 05 =	6 60	15 84
67	56 95	67 =	83 75	28 47 5	6 70	16 08
68	57 80	68 =	85 =	28 90 =	6 80	16 32
69	58 65	69 =	86 25	29 32 5	6 90	16 56
70	59 50	70 =	87 50	29 75 =	7 =	16 80
71	60 35	71 =	88 75	30 17 5	7 10	17 04
72	61 20	72 =	90 =	30 60 =	7 20	17 28
73	62 05	73 =	91 25	31 02 5	7 30	17 52
74	62 90	74 =	92 50	31 45 0	7 40	17 76
75	63 75	75 =	93 75	31 87 5	7 50	18 =
76	64 60	76 =	95 =	32 30 =	7 60	18 24
77	65 45	77 =	96 25	32 72 5	7 70	18 48
78	66 30	78 =	97 50	33 15 =	7 80	18 72
79	67 15	79 =	98 75	33 57 5	7 90	18 96
80	68 =	80 =	100 =	34 = =	8 =	19 20
81	68 85	81 =	101 25	34 42 5	8 10	19 44
82	69 70	82 =	102 50	34 85 =	8 20	19 68
83	70 55	83 =	103 75	35 27 5	8 30	19 92
84	71 40	84 =	105 =	35 70 =	8 40	20 16
85	72 25	85 =	106 25	36 12 5	8 50	20 40
86	73 10	86 =	107 50	36 55 =	8 60	20 64
87	73 95	87 =	108 75	36 97 5	8 70	20 88
88	74 80	88 =	110 =	37 40 =	8 80	21 12
89	75 65	89 =	111 25	37 82 5	8 90	21 36
90	76 50	90 =	112 50	38 25 =	9 =	21 60
91	77 35	91 =	113 75	38 67 5	9 10	21 84
92	78 20	92 =	115 =	39 10 =	9 20	22 08
93	79 05	93 =	116 25	39 52 5	9 30	22 32
94	79 90	94 =	117 50	39 95 =	9 40	22 56
95	80 75	95 =	118 75	40 37 5	9 50	22 80
96	81 60	96 =	120 =	40 80 =	9 60	23 04
97	82 45	97 =	121 25	41 22 5	9 70	23 28
98	83 30	98 =	122 50	41 65 =	9 80	23 52
99	84 15	99 =	123 75	42 07 5	9 90	23 76
100	85 =	100 =	125 =	42 50 =	10 =	24 =

SERGENT ET FOURRIER D'ÉLITE.

Nombre de jours.	Solde avec vivres de campagne.		Solde en station sans vivres de campagne.		Solde en marche, avec le pain seulement.		Solde en semestre.		Solde à l'hôpital.		Supplément de solde dans Paris.		
	Fr.	C.	Fr.	C.	Fr.	C.	Fr.	C.	Fr.	C.	Fr.	C.	M.
1	=	72	=	87	1	07	=	36	=	10	=	18	8
2	1	44	1	74	2	14	=	72	=	20	=	37	6
3	2	16	2	61	3	21	1	08	=	30	=	56	4
4	2	88	3	48	4	28	1	44	=	40	=	75	2
5	3	60	4	35	5	35	1	80	=	50	=	94	=
6	4	32	5	22	6	42	2	16	=	60	1	12	8
7	5	04	6	09	7	49	2	52	=	70	1	31	6
8	5	76	6	96	8	56	2	88	=	80	1	50	4
9	6	48	7	83	9	63	3	24	=	90	1	69	2
10	7	20	8	70	10	70	3	60	1	=	1	88	=
11	7	92	9	57	11	77	3	96	1	10	2	06	8
12	8	64	10	44	12	84	4	32	1	20	2	25	6
13	9	36	11	31	13	91	4	68	1	30	2	44	4
14	10	08	12	18	14	98	5	04	1	40	2	63	2
15	10	80	13	05	16	05	5	40	1	50	2	82	=
16	11	52	13	92	17	12	5	76	1	60	3	00	8
17	12	24	14	79	18	19	6	12	1	70	3	19	6
18	12	96	15	66	19	26	6	48	1	80	3	38	4
19	13	68	16	53	20	33	6	84	1	90	3	57	2
20	14	40	17	40	21	40	7	20	2	=	3	76	=
21	15	12	18	27	22	47	7	56	2	10	3	94	8
22	15	84	19	14	23	54	7	92	2	20	4	13	6
23	16	56	20	01	24	61	8	28	2	30	4	32	4
24	17	28	20	88	25	68	8	64	2	40	4	51	2
25	18	=	21	75	26	75	9	=	2	50	4	70	=
26	18	72	22	62	27	82	9	36	2	60	4	88	8
27	19	44	23	49	28	89	9	72	2	70	5	07	6
28	20	16	24	36	29	96	10	08	2	80	5	26	4
29	20	88	25	23	31	03	10	44	2	90	5	45	2
30	21	60	26	10	32	10	10	80	3	=	5	64	=
31	22	32	26	97	33	17	11	16	3	10	5	82	8
32	23	04	27	84	34	24	11	52	3	20	6	01	6
33	23	76	28	71	35	31	11	88	3	30	6	20	4
34	24	48	29	58	36	38	12	24	3	40	6	39	2
35	25	20	30	45	37	45	12	60	3	50	6	58	=
36	25	92	31	32	38	52	12	96	3	60	6	76	8
37	26	64	32	19	39	59	13	32	3	70	6	95	6
38	27	36	33	06	40	66	13	68	3	80	7	14	4
39	28	08	33	93	41	73	14	04	3	90	7	33	2
40	28	80	34	80	42	80	14	40	4	=	7	52	=
41	29	52	35	67	43	87	14	76	4	10	7	70	8
42	30	24	36	54	44	94	15	12	4	20	7	89	6
43	30	96	37	41	46	01	15	48	4	30	8	08	4
44	31	68	38	28	47	08	15	84	4	40	8	27	2
45	32	40	39	15	48	15	16	20	4	50	8	46	=
46	33	12	40	02	49	22	16	56	4	60	8	64	8
47	33	84	40	89	50	29	16	92	4	70	8	83	6
48	34	56	41	76	51	36	17	28	4	80	9	02	4
49	35	28	42	63	52	43	17	64	4	90	9	21	2
50	36	=	43	50	53	50	18	=	5	=	9	40	=

SERGENT ET FOURRIER D'ÉLITE.

Nombre de jours	Solde avec vivres de campagne.		Solde en station sans vivres de campagne.		Solde en marche, avec le pain seulement.		Solde en semestre.		Solde à l'hôpital.		Supplément de solde dans Paris.		
	Fr.	C.	Fr.	C.	Fr.	C.	Fr.	C.	Fr.	C.	Fr.	C.	M.
51	36	72	44	37	54	57	18	36	5	10	9	58	8
52	37	44	45	24	55	64	18	72	5	20	9	77	6
53	38	16	46	11	56	71	19	08	5	30	9	96	4
54	38	88	46	98	57	78	19	44	5	40	10	15	2
55	39	60	47	85	58	85	19	80	5	50	10	34	=
56	40	32	48	72	59	92	20	16	5	60	10	52	8
57	41	04	49	59	60	99	20	52	5	70	10	71	6
58	41	76	50	46	62	06	20	88	5	80	10	90	4
59	42	48	51	33	63	13	21	24	5	90	11	09	2
60	43	20	52	20	64	20	21	60	6	=	11	28	=
61	43	92	53	07	65	27	21	96	6	10	11	46	8
62	44	64	53	94	66	34	22	32	6	20	11	65	6
63	45	36	54	81	67	41	22	68	6	30	11	84	4
64	46	08	55	68	68	48	23	04	6	40	12	03	2
65	46	80	56	55	69	55	23	40	6	50	12	22	=
66	47	52	57	42	70	62	23	76	6	60	12	40	8
67	48	24	58	29	71	69	24	12	6	70	12	59	6
68	48	96	59	16	72	76	24	48	6	80	12	78	4
69	49	68	60	03	73	83	24	84	6	90	12	97	2
70	50	40	60	90	74	90	25	20	7	=	13	16	=
71	51	12	61	77	75	97	25	56	7	10	13	34	8
72	51	84	62	64	77	04	25	92	7	20	13	53	6
73	52	56	63	51	78	11	26	28	7	30	13	72	4
74	53	28	64	38	79	18	26	64	7	40	13	91	2
75	54	=	65	25	80	25	27	=	7	50	14	10	=
76	54	72	66	12	81	32	27	36	7	60	14	28	8
77	55	44	66	99	82	39	27	72	7	70	14	47	6
78	56	16	67	86	83	46	28	08	7	80	14	66	4
79	56	88	68	73	84	53	28	44	7	90	14	85	2
80	57	60	69	60	85	60	28	80	8	=	15	04	=
81	58	32	70	47	86	67	29	16	8	10	15	22	8
82	59	04	71	34	87	74	29	52	8	20	15	41	6
83	59	76	72	21	88	81	29	88	8	30	15	60	4
84	60	48	73	08	89	88	30	24	8	40	15	79	2
85	61	20	73	95	90	95	30	60	8	50	15	98	=
86	61	92	74	82	92	02	30	96	8	60	16	16	8
87	62	64	75	69	93	09	31	32	8	70	16	35	6
88	63	36	76	56	94	16	31	68	8	80	16	54	4
89	64	08	77	43	95	23	32	04	8	90	16	73	2
90	64	80	78	30	96	30	32	40	9	=	16	92	=
91	65	52	79	17	97	37	32	76	9	10	17	10	8
92	66	24	80	04	98	44	33	12	9	20	17	29	6
93	66	96	80	91	99	51	33	48	9	30	17	48	4
94	67	68	81	78	100	58	33	84	9	40	17	67	2
95	68	40	82	65	101	65	34	20	9	50	17	86	=
96	69	12	83	52	102	72	34	56	9	60	18	04	8
97	69	84	84	39	103	79	34	92	9	70	18	23	6
98	70	56	85	26	104	86	35	28	9	80	18	42	4
99	71	28	86	13	105	93	35	64	9	90	18	61	2
100	72	=	87	=	107	=	36	=	10	=	18	80	=

CAPORAL D'ÉLITE

Nombre de jours	Solde avec vivres de campagne.	Solde en station sans vivres de campagne.	Solde en marche, avec le pain seulement.	Solde en semestre.	Solde à l'hôpital.	Supplément de solde dans Paris.
	Fr. C.	Fr. C.	Fr. C.	Fr. C.	Fr. C.	Fr. C.
1	= 50	= 65	= 75	= 25	= 10	= 15
2	1 =	1 30	1 50	= 50	= 20	= 30
3	1 50	1 95	2 25	= 75	= 30	= 45
4	2 =	2 60	3 =	1 =	= 40	= 60
5	2 50	3 25	3 75	1 25	= 50	= 75
6	3 =	3 90	4 50	1 50	= 60	= 90
7	3 50	4 55	5 25	1 75	= 70	1 05
8	4 =	5 20	6 =	2 =	= 80	1 20
9	4 50	5 85	6 75	2 25	= 90	1 35
10	5 =	6 50	7 50	2 50	1 =	1 50
11	5 50	7 15	8 25	2 75	1 10	1 65
12	6 =	7 80	9 =	3 =	1 20	1 80
13	6 50	8 45	9 75	3 25	1 30	1 95
14	7 =	9 10	10 50	3 50	1 40	2 10
15	7 50	9 75	11 25	3 75	1 50	2 25
16	8 =	10 40	12 =	4 =	1 60	2 40
17	8 50	11 05	12 75	4 25	1 70	2 55
18	9 =	11 70	13 50	4 50	1 80	2 70
19	9 50	12 35	14 25	4 75	1 90	2 85
20	10 =	13 =	15 =	5 =	2 =	3 =
21	10 50	13 65	15 75	5 25	2 10	3 15
22	11 =	14 30	16 50	5 50	2 20	3 30
23	11 50	14 95	17 25	5 75	2 30	3 45
24	12 =	15 60	18 =	6 =	2 40	3 60
25	12 50	16 25	18 75	6 25	2 50	3 75
26	13 =	16 90	19 50	6 50	2 60	3 90
27	13 50	17 55	20 25	6 75	2 70	4 05
28	14 =	18 20	21 =	7 =	2 80	4 20
29	14 50	18 85	21 75	7 25	2 90	4 35
30	15 =	19 50	22 50	7 50	3 =	4 50
31	15 50	20 15	23 25	7 75	3 10	4 65
32	16 =	20 80	24 =	8 =	3 20	4 80
33	16 50	21 45	24 75	8 25	3 30	4 95
34	17 =	22 10	25 50	8 50	3 40	5 10
35	17 50	22 75	26 25	8 75	3 50	5 25
36	18 =	23 40	27 =	9 =	3 60	5 40
37	18 50	24 05	27 75	9 25	3 70	5 55
38	19 =	24 70	28 50	9 50	3 80	5 70
39	19 50	25 35	29 25	9 75	3 90	5 85
40	20 =	26 =	30 =	10 =	4 =	6 =
41	20 50	26 65	30 75	10 25	4 10	6 15
42	21 =	27 30	31 50	10 50	4 20	6 30
43	21 50	27 95	32 25	10 75	4 30	6 45
44	22 =	28 60	33 =	11 =	4 40	6 60
45	22 50	29 25	33 75	11 25	4 50	6 75
46	23 =	29 90	34 50	11 50	4 60	6 90
47	23 50	30 55	35 25	11 75	4 70	7 05
48	24 =	31 20	36 =	12 =	4 80	7 20
49	24 50	31 85	36 75	12 25	4 90	7 35
50	25 =	32 50	37 50	12 50	5 =	7 50

CAPORAL D'ÉLITE.

Nombre de jours.	Solde avec vivres de campagne.		Solde en station sans vivres de campagne.		Solde en marche, avec le pain seulement.		Solde en semestre.		Solde à l'hôpital.		Supplément de solde dans Paris.	
	Fr.	C.	Fr.	C.	Fr.	C.	Fr.	C.	Fr.	C.	Fr.	C.
51	25	50	33	15	38	25	12	75	5	10	7	65
52	26	=	33	80	39	=	13	=	5	20	7	80
53	26	50	34	45	39	75	13	25	5	30	7	95
54	27	=	35	10	40	50	13	50	5	40	8	10
55	27	50	35	75	41	25	13	75	5	50	8	25
56	28	=	36	40	42	=	14	=	5	60	8	40
57	28	50	37	05	42	75	14	25	5	70	8	55
58	29	=	37	70	43	50	14	50	5	80	8	70
59	29	50	38	35	44	25	14	75	5	90	8	85
60	30	=	39	=	45	=	15	=	6	=	9	=
61	30	50	39	65	45	75	15	25	6	10	9	15
62	31	=	40	30	46	50	15	50	6	20	9	30
63	31	50	40	95	47	25	15	75	6	30	9	45
64	32	=	41	60	48	=	16	=	6	40	9	60
65	32	50	42	25	48	75	16	25	6	50	9	75
66	33	=	42	90	49	50	16	50	6	60	9	90
67	33	50	43	55	50	25	16	75	6	70	10	05
68	34	=	44	20	51	=	17	=	6	80	10	20
69	34	50	44	85	51	75	17	25	6	90	10	35
70	35	=	45	50	52	50	17	50	7	=	10	50
71	35	50	46	15	53	25	17	75	7	10	10	65
72	36	=	46	80	54	=	18	=	7	20	10	80
73	36	50	47	45	54	75	18	25	7	30	10	95
74	37	=	48	10	55	50	18	50	7	40	11	10
75	37	50	48	75	56	25	18	75	7	50	11	25
76	38	=	49	40	57	=	19	=	7	60	11	40
77	38	50	50	05	57	75	19	25	7	70	11	55
78	39	=	50	70	58	50	19	50	7	80	11	70
79	39	50	51	35	59	25	19	75	7	90	11	85
80	40	=	52	=	60	=	20	=	8	=	12	=
81	40	50	52	65	60	75	20	25	8	10	12	15
82	41	=	53	30	61	50	20	50	8	20	12	30
83	41	50	53	95	62	25	20	75	8	30	12	45
84	42	=	54	60	63	=	21	=	8	40	12	60
85	42	50	55	25	63	75	21	25	8	50	12	75
86	43	=	55	90	64	50	21	50	8	60	12	90
87	43	50	56	55	65	25	21	75	8	70	13	05
88	44	=	57	20	66	=	22	=	8	80	13	20
89	44	50	57	85	66	75	22	25	8	90	13	35
90	45	=	58	50	67	50	22	50	9	=	13	50
91	45	50	59	15	68	25	22	75	9	10	13	65
92	46	=	59	80	69	=	23	=	9	20	13	80
93	46	50	60	45	69	75	23	25	9	30	13	95
94	47	=	61	10	70	50	23	50	9	40	14	10
95	47	50	61	75	71	25	23	75	9	50	14	25
96	48	=	62	40	72	=	24	=	9	60	14	40
97	48	50	63	05	72	75	24	25	9	70	14	55
98	49	=	63	70	73	50	24	50	9	80	14	70
99	49	50	64	35	74	25	24	75	9	90	14	85
100	50	=	65	=	75	=	25	=	10	=	15	=

APPOINTÉ D'ÉLITE (*Infanterie suisse*).

Nombre de jours.	Solde avec vivres de campagne.		Solde en station sans vivres de campagne.		Solde en marche, avec le pain seulement.		Solde en semestre.		Solde à l'hôpital.		Supplément de solde dans Paris.	
	Fr.	C.	Fr.	C.	Fr.	C.	Fr.	C.	Fr.	C.	Fr.	C.
1	»	40	»	55	»	65	»	20	»	10	»	10
2	»	80	1	10	1	30	»	40	»	20	»	20
3	1	20	1	65	1	95	»	60	»	30	»	30
4	1	60	2	20	2	60	»	80	»	40	»	40
5	2	»	2	75	3	25	1	»	»	50	»	50
6	2	40	3	30	3	90	1	20	»	60	»	60
7	2	80	3	85	4	55	1	40	»	70	»	70
8	3	20	4	40	5	20	1	60	»	80	»	80
9	3	60	4	95	5	85	1	80	»	90	»	90
10	4	»	5	50	6	50	2	»	1	»	1	»
11	4	40	6	05	7	15	2	20	1	10	1	10
12	4	80	6	60	7	80	2	40	1	20	1	20
13	5	20	7	15	8	45	2	60	1	30	1	30
14	5	60	7	70	9	10	2	80	1	40	1	40
15	6	»	8	25	9	75	3	»	1	50	1	50
16	6	40	8	80	10	40	3	20	1	60	1	60
17	6	80	9	35	11	05	3	40	1	70	1	70
18	7	20	9	90	11	70	3	60	1	80	1	80
19	7	60	10	45	12	35	3	80	1	90	1	90
20	8	»	11	»	13	»	4	»	2	»	2	»
21	8	40	11	55	13	65	4	20	2	10	2	10
22	8	80	12	10	14	30	4	40	2	20	2	20
23	9	20	12	65	14	95	4	60	2	30	2	30
24	9	60	13	20	15	60	4	80	2	40	2	40
25	10	»	13	75	16	25	5	»	2	50	2	50
26	10	40	14	30	16	90	5	20	2	60	2	60
27	10	80	14	85	17	55	5	40	2	70	2	70
28	11	20	15	40	18	20	5	60	2	80	2	80
29	11	60	15	95	18	85	5	80	2	90	2	90
30	12	»	16	50	19	50	6	»	3	»	3	»
31	12	40	17	05	20	15	6	20	3	10	3	10
32	12	80	17	60	20	80	6	40	3	20	3	20
33	13	20	18	15	21	45	6	60	3	30	3	30
34	13	60	18	70	22	10	6	80	3	40	3	40
35	14	»	19	25	22	75	7	»	3	50	3	50
36	14	40	19	80	23	40	7	20	3	60	3	60
37	14	80	20	35	24	05	7	40	3	70	3	70
38	15	20	20	90	24	70	7	60	3	80	3	80
39	15	60	21	45	25	35	7	80	3	90	3	90
40	16	»	22	»	26	»	8	»	4	»	4	»
41	16	40	22	55	26	65	8	20	4	10	4	10
42	16	80	23	10	27	30	8	40	4	20	4	20
43	17	20	23	65	27	95	8	60	4	30	4	30
44	17	60	24	20	28	60	8	80	4	40	4	40
45	18	»	24	75	29	25	9	»	4	50	4	50
46	18	40	25	30	29	90	9	20	4	60	4	60
47	18	80	25	85	30	55	9	40	4	70	4	70
48	19	20	26	40	31	20	9	60	4	80	4	80
49	19	60	26	95	31	85	9	80	4	90	4	90
50	20	»	27	50	32	50	10	»	5	»	5	»

APPOINTÉ D'ÉLITE (*Infanterie suisse*).

Nombre de jours	Solde avec vivres de campagne.		Solde en station sans vivres de campagne.		Solde en marche, avec le pain seulement.		Solde en semestre.		Solde à l'hôpital.		Supplément de solde dans Paris.	
	Fr.	C.	Fr.	C.	Fr.	C.	Fr.	C.	Fr.	C.	Fr.	C.
51	20	40	28	05	33	15	10	20	5	10	5	10
52	20	80	28	60	33	80	10	40	5	20	5	20
53	21	20	29	15	34	45	10	60	5	30	5	30
54	21	60	29	70	35	10	10	80	5	40	5	40
55	22	»	30	25	35	75	11	»	5	50	5	50
56	22	40	30	80	36	40	11	20	5	60	5	60
57	22	80	31	35	37	05	11	40	5	70	5	70
58	23	20	31	90	37	70	11	60	5	80	5	80
59	23	60	32	45	38	35	11	80	5	90	5	90
60	24	»	33	»	39	»	12	»	6	»	6	»
61	24	40	33	55	39	65	12	20	6	10	6	10
62	24	80	34	10	40	30	12	40	6	20	6	20
63	25	20	34	65	40	95	12	60	6	30	6	30
64	25	60	35	20	41	60	12	80	6	40	6	40
65	26	»	35	75	42	25	13	»	6	50	6	50
66	26	40	36	30	42	90	13	20	6	60	6	60
67	26	80	36	85	43	55	13	40	6	70	6	70
68	27	20	37	40	44	20	13	60	6	80	6	80
69	27	60	37	95	44	85	13	80	6	90	6	90
70	28	»	38	50	45	50	14	»	7	»	7	»
71	28	40	39	05	46	15	14	20	7	10	7	10
72	28	80	39	60	46	80	14	40	7	20	7	20
73	29	20	40	15	47	45	14	60	7	30	7	30
74	29	60	40	70	48	10	14	80	7	40	7	40
75	30	»	41	25	48	75	15	»	7	50	7	50
76	30	40	41	80	49	40	15	20	7	60	7	60
77	30	80	42	35	50	05	15	40	7	70	7	70
78	31	20	42	90	50	70	15	60	7	80	7	80
79	31	60	43	45	51	35	15	80	7	90	7	90
80	32	»	44	»	52	»	16	»	8	»	8	»
81	32	40	44	55	52	65	16	20	8	10	8	10
82	32	80	45	10	53	30	16	40	8	20	8	20
83	33	20	45	65	53	95	16	60	8	30	8	30
84	33	60	46	20	54	60	16	80	8	40	8	40
85	34	»	46	75	55	25	17	»	8	50	8	50
86	34	40	47	30	55	90	17	20	8	60	8	60
87	34	80	47	85	56	55	17	40	8	70	8	70
88	35	20	48	40	57	20	17	60	8	80	8	80
89	35	60	48	95	57	85	17	80	8	90	8	90
90	36	»	49	50	58	50	18	»	9	»	9	»
91	36	40	50	05	59	15	18	20	9	10	9	10
92	36	80	50	60	59	80	18	40	9	20	9	20
93	37	20	51	15	60	45	18	60	9	30	9	30
94	37	60	51	70	61	10	18	80	9	40	9	40
95	38	»	52	25	61	75	19	»	9	50	9	50
96	38	40	52	80	62	40	19	20	9	60	9	60
97	38	80	53	35	63	05	19	40	9	70	9	70
98	39	20	53	90	63	70	19	60	9	80	9	80
99	39	60	54	45	64	35	19	80	9	90	9	90
100	40	»	55	»	65	»	20	»	10	»	10	»

GRENADIER ET VOLTIGEUR.

Nombre de jours	Solde avec vivres de campagne.	Solde en station sans vivres de campagne.	Solde en marche avec le pain seulement.	Solde en semestre.	Solde à l'hôpital.	Supplément de solde dans Paris.
	Fr. C.	Fr. C.	Fr. C.	Fr. C. M.	Fr. C.	Fr. C. M
1	= 35	= 50	= 60	= 17 5	= 10	= 07 5
2	= 70	1 00	1 20	= 35 0	= 20	= 15 0
3	1 05	1 50	1 80	= 52 5	= 30	= 22 5
4	1 40	2 00	2 40	= 70 0	= 40	= 30 0
5	1 75	2 50	3 00	= 87 5	= 50	= 37 5
6	2 10	3 00	3 60	1 05 0	= 60	= 45 0
7	2 45	3 50	4 20	1 22 5	= 70	= 52 5
8	2 80	4 00	4 80	1 40 0	= 80	= 60 0
9	3 15	4 50	5 40	1 57 5	= 90	= 67 5
10	3 50	5 00	6 00	1 75 0	1 00	= 75 0
11	3 85	5 50	6 60	1 92 5	1 10	= 82 5
12	4 20	6 00	7 20	2 10 0	1 20	= 90 0
13	4 55	6 50	7 80	2 27 5	1 30	= 97 5
14	4 90	7 00	8 40	2 45 0	1 40	1 05 0
15	5 25	7 50	9 00	2 62 5	1 50	1 12 5
16	5 60	8 00	9 60	2 80 0	1 60	1 20 0
17	5 95	8 50	10 20	2 97 5	1 70	1 27 5
18	6 30	9 00	10 80	3 15 0	1 80	1 35 0
19	6 65	9 50	11 40	3 32 5	1 90	1 42 5
20	7 00	10 00	12 00	3 50 0	2 00	1 50 0
21	7 35	10 50	12 60	3 67 5	2 10	1 57 5
22	7 70	11 00	13 20	3 85 0	2 20	1 65 0
23	8 05	11 50	13 80	4 02 5	2 30	1 72 5
24	8 40	12 00	14 40	4 20 0	2 40	1 80 0
25	8 75	12 50	15 00	4 37 5	2 50	1 87 5
26	9 10	13 00	15 60	4 55 0	2 60	1 95 0
27	9 45	13 50	16 20	4 72 5	2 70	2 02 5
28	9 80	14 00	16 80	4 90 0	2 80	2 10 0
29	10 15	14 50	17 40	5 07 5	2 90	2 17 5
30	10 50	15 00	18 00	5 25 0	3 00	2 25 0
31	10 85	15 50	18 60	5 42 5	3 10	2 32 5
32	11 20	16 00	19 20	5 60 0	3 20	2 40 0
33	11 55	16 50	19 80	5 77 5	3 30	2 47 5
34	11 90	17 00	20 40	5 95 0	3 40	2 55 0
35	12 25	17 50	21 00	6 12 5	3 50	2 62 5
36	12 60	18 00	21 60	6 30 0	3 60	2 70 0
37	12 95	18 50	22 20	6 47 5	3 70	2 77 5
38	13 30	19 00	22 80	6 65 0	3 80	2 85 0
39	13 65	19 50	23 40	6 82 5	3 90	2 92 5
40	14 00	20 00	24 00	7 00 0	4 00	3 00 0
41	14 35	20 50	24 60	7 17 5	4 10	3 07 5
42	14 70	21 00	25 20	7 35 0	4 20	3 15 0
43	15 05	21 50	25 80	7 52 5	4 30	3 22 5
44	15 40	22 00	26 40	7 70 0	4 40	3 30 0
45	15 75	22 50	27 00	7 87 5	4 50	3 37 5
46	16 10	23 00	27 60	8 05 0	4 60	3 45 0
47	16 45	23 50	28 20	8 22 5	4 70	3 52 5
48	16 80	24 00	28 80	8 40 0	4 80	3 60 0
49	17 15	24 50	29 40	8 57 5	4 90	3 67 5
50	17 50	25 00	30 00	8 75 0	5 00	3 75 0

GRENADIER ET VOLTIGEUR.

Nombre de jours.	Solde avec vivres de campagne.	Solde en station sans vivres de campagne.	Solde en marche avec le pain seulement.	Solde en semestre.	Solde à l'hôpital.	Supplément de solde dans Paris.
	Fr. C.	Fr. C.	Fr. C.	Fr. C. M.	Fr. C.	Fr. C. M.
51	17 85	25 50	30 60	8 92 5	5 10	3 82 5
52	18 20	26 00	31 20	9 10 0	5 20	3 90 0
53	18 55	26 50	31 80	9 27 5	5 30	3 97 5
54	18 90	27 00	32 40	9 45 0	5 40	4 05 0
55	19 25	27 50	33 00	9 62 5	5 50	4 12 5
56	19 60	28 00	33 60	9 80 0	5 60	4 20 0
57	19 95	28 50	34 20	9 97 5	5 70	4 27 5
58	20 30	29 00	34 80	10 15 0	5 80	4 35 0
59	20 65	29 50	35 40	10 32 5	5 90	4 42 5
60	21 00	30 00	36 00	10 50 0	6 00	4 50 0
61	21 35	30 50	36 60	10 67 5	6 10	4 57 5
62	21 70	31 00	37 20	10 85 0	6 20	4 65 0
63	22 05	31 50	37 80	11 02 5	6 30	4 72 5
64	22 40	32 00	38 40	11 20 0	6 40	4 80 0
65	22 75	32 50	39 00	11 37 5	6 50	4 87 5
66	23 10	33 00	39 60	11 55 0	6 60	4 95 0
67	23 45	33 50	40 20	11 72 5	6 70	5 02 5
68	23 80	34 00	40 80	11 90 0	6 80	5 10 0
69	24 15	34 50	41 40	12 07 5	6 90	5 17 5
70	24 50	35 00	42 00	12 25 0	7 00	5 25 0
71	24 85	35 50	42 60	12 42 5	7 10	5 32 5
72	25 20	36 00	43 20	12 60 0	7 20	5 40 0
73	25 55	36 50	43 80	12 77 5	7 30	5 47 5
74	25 90	37 00	44 40	12 95 0	7 40	5 55 0
75	26 25	37 50	45 00	13 12 5	7 50	5 62 5
76	26 60	38 00	45 60	13 30 0	7 60	5 70 0
77	26 95	38 50	46 20	13 47 5	7 70	5 77 5
78	27 30	39 00	46 80	13 65 0	7 80	5 85 0
79	27 65	39 50	47 40	13 82 5	7 90	5 92 5
80	28 00	40 00	48 00	14 00 0	8 00	6 00 0
81	28 35	40 50	48 60	14 17 5	8 10	6 07 5
82	28 70	41 00	49 20	14 35 0	8 20	6 15 0
83	29 05	41 50	49 80	14 52 5	8 30	6 22 5
84	29 40	42 00	50 40	14 70 0	8 40	6 30 0
85	29 75	42 50	51 00	14 87 5	8 50	6 37 5
86	30 10	43 00	51 60	15 05 0	8 60	6 45 0
87	30 45	43 50	52 20	15 22 5	8 70	6 52 5
88	30 80	44 00	52 80	15 40 0	8 80	6 60 0
89	31 15	44 50	53 40	15 57 5	8 90	6 67 5
90	31 50	45 00	54 00	15 75 0	9 00	6 75 0
91	31 85	45 50	54 60	15 92 5	9 10	6 82 5
92	32 20	46 00	55 20	16 10 0	9 20	6 90 0
93	32 55	46 50	55 80	16 27 5	9 30	6 97 5
94	32 90	47 00	56 40	16 45 0	9 40	7 05 0
95	33 25	47 50	57 00	16 62 5	9 50	7 12 5
96	33 60	48 00	57 60	16 80 0	9 60	7 20 0
97	33 95	48 50	58 20	16 97 5	9 70	7 27 5
98	34 30	49 00	58 80	17 15 0	9 80	7 35 0
99	34 65	49 50	59 40	17 32 5	9 90	7 42 5
100	35 00	50 00	60 00	17 50 0	10 00	7 50 0

TAMBOUR D'ÉLITE.

Nombre de jours.	Solde avec vivres de campagne.		Solde en station sans vivres de campagne.		Solde en marche, avec le pain seulement.		Solde en semestre.			Solde à l'hôpital.		Supplément de solde dans Paris.		
	Fr.	C.	Fr.	C.	Fr.	C.	Fr.	C.	M.	Fr.	C.	Fr.	C.	M.
1	=	45	=	60	=	70	=	27	5	=	20	=	07	5
2	=	90	1	20	1	40	=	55	=	=	40	=	15	=
3	1	35	1	80	2	10	=	82	5	=	60	=	22	5
4	1	80	2	40	2	80	1	10	=	=	80	=	30	=
5	2	25	3	=	3	50	1	37	5	1	=	=	37	5
6	2	70	3	60	4	20	1	65	=	1	20	=	45	=
7	3	15	4	20	4	90	1	92	5	1	40	=	52	5
8	3	60	4	80	5	60	2	20	=	1	60	=	60	=
9	4	05	5	40	6	30	2	47	5	1	80	=	67	5
10	4	50	6	=	7	=	2	75	=	2	=	=	75	=
11	4	95	6	60	7	70	3	02	5	2	20	=	82	5
12	5	40	7	20	8	40	3	30	=	2	40	=	90	=
13	5	85	7	80	9	10	3	57	5	2	60	=	97	5
14	6	30	8	40	9	80	3	85	0	2	80	1	05	=
15	6	75	9	=	10	50	4	12	5	3	=	1	12	5
16	7	20	9	60	11	20	4	40	=	3	20	1	20	=
17	7	65	10	20	11	90	4	67	5	3	40	1	27	5
18	8	10	10	80	12	60	4	95	=	3	60	1	35	=
19	8	55	11	40	13	30	5	22	5	3	80	1	42	5
20	9	=	12	=	14	=	5	50	=	4	=	1	50	=
21	9	45	12	60	14	70	5	77	5	4	20	1	57	5
22	9	90	13	20	15	40	6	05	=	4	40	1	65	=
23	10	35	13	80	16	10	6	32	5	4	60	1	72	5
24	10	80	14	40	16	80	6	60	=	4	80	1	80	=
25	11	25	15	=	17	50	6	87	5	5	=	1	87	5
26	11	70	15	60	18	20	7	15	=	5	20	1	95	=
27	12	15	16	20	18	90	7	42	5	5	40	2	02	5
28	12	60	16	80	19	60	7	70	=	5	60	2	10	=
29	13	05	17	40	20	30	7	97	5	5	80	2	17	5
30	13	50	18	=	21	=	8	25	=	6	=	2	25	=
31	13	95	18	60	21	70	8	52	5	6	20	2	32	5
32	14	40	19	20	22	40	8	80	=	6	40	2	40	=
33	14	85	19	80	23	10	9	07	5	6	60	2	47	5
34	15	30	20	40	23	80	9	35	=	6	80	2	55	=
35	15	75	21	=	24	50	9	62	5	7	=	2	62	5
36	16	20	21	60	25	20	9	90	=	7	20	2	70	=
37	16	65	22	20	25	90	10	17	5	7	40	2	77	5
38	17	10	22	80	26	60	10	45	=	7	60	2	85	=
39	17	55	23	40	27	30	10	72	5	7	80	2	92	5
40	18	=	24	=	28	=	11	=	=	8	=	3	=	=
41	18	45	24	60	28	70	11	27	5	8	20	3	07	5
42	18	90	25	20	29	40	11	55	=	8	40	3	15	=
43	19	35	25	80	30	10	11	82	5	8	60	3	22	5
44	19	80	26	40	30	80	12	10	=	8	80	3	30	=
45	20	25	27	=	31	50	12	37	5	9	=	3	37	5
46	20	70	27	60	32	20	12	65	=	9	20	3	45	=
47	21	15	28	20	32	90	12	92	5	9	40	3	52	5
48	21	60	28	80	33	60	13	20	=	9	60	3	60	=
49	22	05	29	40	34	30	13	47	5	9	80	3	67	5
50	22	50	30	=	35	=	13	75	=	10	=	3	75	=

TAMBOUR D'ÉLITE.

Nombre de jours.	Solde avec vivres de campagne.		Solde en station sans vivres de campagne.		Solde en marche, avec le pain seulement.		Solde en semestre.			Solde à l'hôpital.		Supplément de solde dans Paris.		
	Fr.	C.	Fr.	C.	Fr.	C.	Fr.	C.	M.	Fr.	C.	Fr.	C.	M.
51	22	95	30	60	35	70	14	02	5	10	20	3	82	5
52	23	40	31	20	36	40	14	30	=	10	40	3	90	=
53	23	85	31	80	37	10	14	57	5	10	60	3	97	5
54	24	30	32	40	37	80	14	85	0	10	80	4	05	=
55	24	75	33	=	38	50	15	12	5	11	=	4	12	5
56	25	20	33	60	39	20	15	40	=	11	20	4	20	=
57	25	65	34	20	39	90	15	67	5	11	40	4	27	5
58	26	10	34	80	40	60	15	95	=	11	60	4	35	=
59	26	55	35	40	41	30	16	22	5	11	80	4	42	5
60	27	=	36	=	42	=	16	50	=	12	=	4	50	=
61	27	45	36	60	42	70	16	77	5	12	20	4	57	5
62	27	90	37	20	43	40	17	05	=	12	40	4	65	=
63	28	35	37	80	44	10	17	32	5	12	60	4	72	5
64	28	80	38	40	44	80	17	60	=	12	80	4	80	=
65	29	25	39	=	45	50	17	87	5	13	=	4	87	5
66	29	70	39	60	46	20	18	15	=	13	20	4	95	=
67	30	15	40	20	46	90	18	42	5	13	40	5	02	5
68	30	60	40	80	47	60	18	70	=	13	60	5	10	=
69	31	05	41	40	48	30	18	97	5	13	80	5	17	5
70	31	50	42	=	49	=	19	25	=	14	=	5	25	=
71	31	95	42	60	49	70	19	52	5	14	20	5	32	5
72	32	40	43	20	50	40	19	80	=	14	40	5	40	=
73	32	85	43	80	51	10	20	07	5	14	60	5	47	5
74	33	30	44	40	51	80	20	35	=	14	80	5	55	=
75	33	75	45	=	52	50	20	62	5	15	=	5	62	5
76	34	20	45	60	53	20	20	90	=	15	20	5	70	=
77	34	65	46	20	53	90	21	17	5	15	40	5	77	5
78	35	10	46	80	54	60	21	45	=	15	60	5	85	=
79	35	55	47	40	55	30	21	72	5	15	80	5	92	5
80	36	=	48	=	56	=	22	=	=	16	=	6	=	=
81	36	45	48	60	56	70	22	27	5	16	20	6	07	5
82	36	90	49	20	57	40	22	55	=	16	40	6	15	=
83	37	35	49	80	58	10	22	82	5	16	60	6	22	5
84	37	80	50	40	58	80	23	10	=	16	80	6	30	=
85	38	25	51	=	59	50	23	37	5	17	=	6	37	5
86	38	70	51	60	60	20	23	65	=	17	20	6	45	=
87	39	15	52	20	60	90	23	92	5	17	40	6	52	5
88	39	60	52	80	61	60	24	20	=	17	60	6	60	=
89	40	05	53	40	62	30	24	47	5	17	80	6	67	5
90	40	50	54	=	63	=	24	75	=	18	=	6	75	=
91	40	95	54	60	63	70	25	02	5	18	20	6	82	5
92	41	40	55	20	64	40	25	30	=	18	40	6	90	=
93	41	85	55	80	65	10	25	57	5	18	60	6	97	5
94	42	30	56	40	65	80	25	85	=	18	80	7	05	=
95	42	75	57	=	66	50	26	12	5	19	=	7	12	5
96	43	20	57	60	67	20	26	40	=	19	20	7	20	=
97	43	65	58	20	67	90	26	67	5	19	40	7	27	5
98	44	10	58	80	68	60	26	95	=	19	60	7	35	=
99	44	55	59	40	69	30	27	22	5	19	80	7	42	5
100	45	=	60	=	70	=	27	50	=	20	=	7	50	=

SERGENT-MAJOR DU CENTRE.

Nombre de jours.	Solde avec vivres de campagne.		Solde en station sans vivres de campagne.		Solde en marche, avec le pain seulement.		Solde en semestre.		Solde à l'hôpital.		Supplément de solde dans Paris.	
	Fr.	C.	Fr.	C.	Fr.	C.	Fr.	C.	Fr.	C.	Fr.	C.
1	=	80	=	95	1	20	=	40	=	10	=	22
2	1	60	1	90	2	40	=	80	=	20	=	44
3	2	40	2	85	3	60	1	20	=	30	=	66
4	3	20	3	80	4	80	1	60	=	40	=	88
5	4	00	4	75	6	00	2	00	=	50	1	10
6	4	80	5	70	7	20	2	40	=	60	1	32
7	5	60	6	65	8	40	2	80	=	70	1	54
8	6	40	7	60	9	60	3	20	=	80	1	76
9	7	20	8	55	10	80	3	60	=	90	1	98
10	8	00	9	50	12	00	4	00	1	00	2	20
11	8	80	10	45	13	20	4	40	1	10	2	42
12	9	60	11	40	14	40	4	80	1	20	2	64
13	10	40	12	35	15	60	5	20	1	30	2	86
14	11	20	13	30	16	80	5	60	1	40	3	08
15	12	00	14	25	18	00	6	00	1	50	3	30
16	12	80	15	20	19	20	6	40	1	60	3	52
17	13	60	16	15	20	40	6	80	1	70	3	74
18	14	40	17	10	21	60	7	20	1	80	3	96
19	15	20	18	05	22	80	7	60	1	90	4	18
20	16	00	19	00	24	00	8	00	2	00	4	40
21	16	80	19	95	25	20	8	40	2	10	4	62
22	17	60	20	90	26	40	8	80	2	20	4	84
23	18	40	21	85	27	60	9	20	2	30	5	06
24	19	20	22	80	28	80	9	60	2	40	5	28
25	20	00	23	75	30	00	10	00	2	50	5	50
26	20	80	24	70	31	20	10	40	2	60	5	72
27	21	60	25	65	32	40	10	80	2	70	5	94
28	22	40	26	60	33	60	11	20	2	80	6	16
29	23	20	27	55	34	80	11	60	2	90	6	38
30	24	00	28	50	36	00	12	00	3	00	6	60
31	24	80	29	45	37	20	12	40	3	10	6	82
32	25	60	30	40	38	40	12	80	3	20	7	04
33	26	40	31	35	39	60	13	20	3	30	7	26
34	27	20	32	30	40	80	13	60	3	40	7	48
35	28	00	33	25	42	00	14	00	3	50	7	70
36	28	80	34	20	43	20	14	40	3	60	7	92
37	29	60	35	15	44	40	14	80	3	70	8	14
38	30	40	36	10	45	60	15	20	3	80	8	36
39	31	20	37	05	46	80	15	60	3	90	8	58
40	32	00	38	00	48	00	16	00	4	00	8	80
41	32	80	38	95	49	20	16	40	4	10	9	02
42	33	60	39	90	50	40	16	80	4	20	9	24
43	34	40	40	85	51	60	17	20	4	30	9	46
44	35	20	41	80	52	80	17	60	4	40	9	68
45	36	00	42	75	54	00	18	00	4	50	9	90
46	36	80	43	70	55	20	18	40	4	60	10	12
47	37	60	44	65	56	40	18	80	4	70	10	34
48	38	40	45	60	57	60	19	20	4	80	10	56
49	39	20	46	55	58	80	19	60	4	90	10	78
50	40	00	47	50	60	00	20	00	5	00	11	00

H

SERGENT-MAJOR DU CENTRE.

Nombre de jours	Solde avec vivres de campagne.		Solde en station sans vivres de campagne.		Solde en marche avec le pain seulement.		Solde en semestre.		Solde à l'hôpital.		Supplément de solde dans Paris.	
	Fr.	C.	Fr.	C.	Fr.	C.	Fr.	C.	Fr.	C.	Fr.	C.
51	40	80	48	45	61	20	20	40	5	10	11	22
52	41	60	49	40	62	40	20	80	5	20	11	44
53	42	40	50	35	63	60	21	20	5	30	11	66
54	43	20	51	30	64	80	21	60	5	40	11	88
55	44	00	52	25	66	00	22	00	5	50	12	10
56	44	80	53	20	67	20	22	40	5	60	12	32
57	45	60	54	15	68	40	22	80	5	70	12	54
58	46	40	55	10	69	60	23	20	5	80	12	76
59	47	20	56	05	70	80	23	60	5	90	12	98
60	48	00	57	00	72	00	24	00	6	00	13	20
61	48	80	57	95	73	20	24	40	6	10	13	42
62	49	60	58	90	74	40	24	80	6	20	13	64
63	50	40	59	85	75	60	25	20	6	30	13	86
64	51	20	60	80	76	80	25	60	6	40	14	08
65	52	00	61	75	78	00	26	00	6	50	14	30
66	52	80	62	70	79	20	26	40	6	60	14	52
67	53	60	63	65	80	40	26	80	6	70	14	74
68	54	40	64	60	81	60	27	20	6	80	14	96
69	55	20	65	55	82	80	27	60	6	90	15	18
70	56	00	66	50	84	00	28	00	7	00	15	40
71	56	80	67	45	85	20	28	40	7	10	15	62
72	57	60	68	40	86	40	28	80	7	20	15	84
73	58	40	69	35	87	60	29	20	7	30	16	06
74	59	20	70	30	88	80	29	60	7	40	16	28
75	60	00	71	25	90	00	30	00	7	50	16	50
76	60	80	72	20	91	20	30	40	7	60	16	72
77	61	60	73	15	92	40	30	80	7	70	16	94
78	62	40	74	10	93	60	31	20	7	80	17	16
79	63	20	75	05	94	80	31	60	7	90	17	38
80	64	00	76	00	96	00	32	00	8	00	17	60
81	64	80	76	95	97	20	32	40	8	10	17	82
82	65	60	77	90	98	40	32	80	8	20	18	04
83	66	40	78	85	99	60	33	20	8	30	18	26
84	67	20	79	80	100	80	33	60	8	40	18	48
85	68	00	80	75	102	00	34	00	8	50	18	70
86	68	80	81	70	103	20	34	40	8	60	18	92
87	69	60	82	65	104	40	34	80	8	70	19	14
88	70	40	83	60	105	60	35	20	8	80	19	36
89	71	20	84	55	106	80	35	60	8	90	19	58
90	72	00	85	50	108	00	36	00	9	00	19	80
91	72	80	86	45	109	20	36	40	9	10	20	02
92	73	60	87	40	110	40	36	80	9	20	20	24
93	74	40	88	35	111	60	37	20	9	30	20	46
94	75	20	89	30	112	80	37	60	9	40	20	68
95	76	00	90	25	114	00	38	00	9	50	20	90
96	76	80	91	20	115	20	38	40	9	60	21	12
97	77	60	92	15	116	40	38	80	9	70	21	34
98	78	40	93	10	117	60	39	20	9	80	21	56
99	79	20	94	05	118	80	39	60	9	90	21	78
100	80	00	95	00	120	00	40	00	10	00	22	00

SERGENT ET FOURRIER DU CENTRE.

Nombre de jours.	Solde avec vivres de campagne.		Solde en station sans vivres de campagne.		Solde en marche, avec le pain seulement.		Solde en semestre.		Solde à l'hôpital.		Supplément de solde dans Paris.		
	Fr.	C.	Fr.	C.	Fr.	C.	Fr.	C.	Fr.	C.	Fr.	C.	M.
1	=	62	=	77	=	97	=	31	=	10	=	14	8
2	1	24	1	54	1	94	=	62	=	20	=	29	6
3	1	86	2	31	2	91	=	93	=	30	=	44	4
4	2	48	3	08	3	88	1	24	=	40	=	59	2
5	3	10	3	85	4	85	1	55	=	50	=	74	=
6	3	72	4	62	5	82	1	86	=	60	=	88	8
7	4	34	5	39	6	79	2	17	=	70	1	03	6
8	4	96	6	16	7	76	2	48	=	80	1	18	4
9	5	58	6	93	8	73	2	79	=	90	1	33	2
10	6	20	7	70	9	70	3	10	1	=	1	48	=
11	6	82	8	47	10	67	3	41	1	10	1	62	8
12	7	44	9	24	11	64	3	72	1	20	1	77	6
13	8	06	10	01	12	61	4	03	1	30	1	92	4
14	8	68	10	78	13	58	4	34	1	40	2	07	2
15	9	30	11	55	14	55	4	65	1	50	2	22	=
16	9	92	12	32	15	52	4	96	1	60	2	36	8
17	10	54	13	09	16	49	5	27	1	70	2	51	6
18	11	16	13	86	17	46	5	58	1	80	2	66	4
19	11	78	14	63	18	43	5	89	1	90	2	81	2
20	12	40	15	40	19	40	6	20	2	=	2	96	=
21	13	02	16	17	20	37	6	51	2	10	3	10	8
22	13	64	16	94	21	34	6	82	2	20	3	25	6
23	14	26	17	71	22	31	7	13	2	30	3	40	4
24	14	88	18	48	23	28	7	44	2	40	3	55	2
25	15	50	19	25	24	25	7	75	2	50	3	70	=
26	16	12	20	02	25	22	8	06	2	60	3	84	8
27	16	74	20	79	26	19	8	37	2	70	3	99	6
28	17	36	21	56	27	16	8	68	2	80	4	14	4
29	17	98	22	33	28	13	8	99	2	90	4	29	2
30	18	60	23	10	29	10	9	30	3	=	4	44	=
31	19	22	23	87	30	07	9	61	3	10	4	58	8
32	19	84	24	64	31	04	9	92	3	20	4	73	6
33	20	46	25	41	32	01	10	23	3	30	4	88	4
34	21	08	26	18	32	98	10	54	3	40	5	03	2
35	21	70	26	95	33	95	10	85	3	50	5	18	=
36	22	32	27	72	34	92	11	16	3	60	5	32	8
37	22	94	28	49	35	89	11	47	3	70	5	47	6
38	23	56	29	26	36	86	11	78	3	80	5	62	4
39	24	18	30	03	37	83	12	09	3	90	5	77	2
40	24	80	30	80	38	80	12	40	4	=	5	92	=
41	25	42	31	57	39	77	12	71	4	10	6	06	8
42	26	04	32	34	40	74	13	02	4	20	6	21	6
43	26	66	33	11	41	71	13	33	4	30	6	36	4
44	27	28	33	88	42	68	13	64	4	40	6	51	2
45	27	90	34	65	43	65	13	95	4	50	6	66	=
46	28	52	35	42	44	62	14	26	4	60	6	80	8
47	29	14	36	19	45	59	14	57	4	70	6	95	6
48	29	76	36	96	46	56	14	88	4	80	7	10	4
49	30	38	37	73	47	53	15	19	4	90	7	25	2
50	31	=	38	50	48	50	15	50	5	=	7	40	=

SERGENT ET FOURRIER DU CENTRE.

Nombre de jours.	Solde avec vivres de campagne.		Solde en station sans vivres de campagne.		Solde en marche, avec le pain seulement.		Solde en semestre.		Solde à l'hôpital.		Supplément de solde dans Paris.		
	Fr.	C.	Fr.	C.	Fr.	C.	Fr.	C.	Fr.	C.	Fr.	C.	M.
51	31	62	39	27	49	47	15	81	5	10	7	54	8
52	32	24	40	04	50	44	16	12	5	20	7	69	6
53	32	86	40	81	51	41	16	43	5	30	7	84	4
54	33	48	41	58	52	38	16	74	5	40	7	99	2
55	34	10	42	35	53	35	17	05	5	50	8	14	=
56	34	72	43	12	54	32	17	36	5	60	8	28	8
57	35	34	43	89	55	29	17	67	5	70	8	43	6
58	35	96	44	66	56	26	17	98	5	80	8	58	4
59	36	58	45	43	57	23	18	29	5	90	8	73	2
60	37	20	46	20	58	20	18	60	6	=	8	88	=
61	37	82	46	97	59	17	18	91	6	10	9	02	8
62	38	44	47	74	60	14	19	22	6	20	9	17	6
63	39	06	48	51	61	11	19	53	6	30	9	32	4
64	39	68	49	28	62	08	19	84	6	40	9	47	2
65	40	30	50	05	63	05	20	15	6	50	9	62	=
66	40	92	50	82	64	02	20	46	6	60	9	76	8
67	41	54	51	59	64	99	20	77	6	70	9	91	6
68	42	16	52	36	65	96	21	08	6	80	10	06	4
69	42	78	53	13	66	93	21	39	6	90	10	21	2
70	43	40	53	90	67	90	21	70	7	=	10	36	=
71	44	02	54	67	68	87	22	01	7	10	10	50	8
72	44	64	55	44	69	84	22	32	7	20	10	65	6
73	45	26	56	21	70	81	22	63	7	30	10	80	4
74	45	88	56	98	71	78	22	94	7	40	10	95	2
75	46	50	57	75	72	75	23	25	7	50	11	10	=
76	47	12	58	52	73	72	23	56	7	60	11	24	8
77	47	74	59	29	74	69	23	87	7	70	11	39	6
78	48	36	60	06	75	66	24	18	7	80	11	54	4
79	48	98	60	83	76	63	24	49	7	90	11	69	2
80	49	60	61	60	77	60	24	80	8	=	11	84	=
81	50	22	62	37	78	57	25	11	8	10	11	98	8
82	50	84	63	14	79	54	25	42	8	20	12	13	6
83	51	46	63	91	80	51	25	73	8	30	12	28	4
84	52	08	64	68	81	48	26	04	8	40	12	43	2
85	52	70	65	45	82	45	26	35	8	50	12	58	=
86	53	32	66	22	83	42	26	66	8	60	12	72	8
87	53	94	66	99	84	39	26	97	8	70	12	87	6
88	54	56	67	76	85	36	27	28	8	80	13	02	4
89	55	18	68	53	86	33	27	59	8	90	13	17	2
90	55	80	69	30	87	30	27	90	9	=	13	32	=
91	56	42	70	07	88	27	28	21	9	10	13	46	8
92	57	04	70	84	89	24	28	52	9	20	13	61	6
93	57	66	71	61	90	21	28	83	9	30	13	76	4
94	58	28	72	38	91	18	29	14	9	40	13	91	2
95	58	90	73	15	92	15	29	45	9	50	14	06	=
96	59	52	73	92	93	12	29	76	9	60	14	20	8
97	60	14	74	69	94	09	30	07	9	70	14	35	6
98	60	76	75	46	95	06	30	38	9	80	14	50	4
99	61	38	76	23	96	03	30	69	9	90	14	65	2
100	62	=	77	=	97	=	31	=	10	=	14	80	=

CAPORAL DU CENTRE.

Nombre de jours.	Solde avec vivres de campagne.	Solde en station sans vivres de campagne.	Solde en marche, avec le pain seulement.	Solde en semestre.	Solde à l'hôpital.	Supplément de solde dans Paris.
	Fr. C.	Fr. C.	Fr. C.	Fr. C. M.	Fr. C.	Fr. C. M.
1	= 45	= 60	= 70	= 22 5	= 10	= 12 5
2	= 90	1 20	1 40	= 45 =	= 20	= 25 =
3	1 35	1 80	2 10	= 67 5	= 30	= 37 5
4	1 80	2 40	2 80	= 90 =	= 40	= 50 =
5	2 25	3 =	3 50	1 12 5	= 50	= 62 5
6	2 70	3 60	4 20	1 35 =	= 60	= 75 =
7	3 15	4 20	4 90	1 57 5	= 70	= 87 5
8	3 60	4 80	5 60	1 80 =	= 80	1 = =
9	4 05	5 40	6 30	2 02 5	= 90	1 12 5
10	4 50	6 =	7 =	2 25 =	1 =	1 25 =
11	4 95	6 60	7 70	2 47 5	1 10	1 37 5
12	5 40	7 20	8 40	2 70 =	1 20	1 50 =
13	5 85	7 80	9 10	2 92 5	1 30	1 62 5
14	6 30	8 40	9 80	3 15 =	1 40	1 75 =
15	6 75	9 =	10 50	3 37 5	1 50	1 87 5
16	7 20	9 60	11 20	3 60 =	1 60	2 = =
17	7 65	10 20	11 90	3 82 5	1 70	2 12 5
18	8 10	10 80	12 60	4 05 =	1 80	2 25 =
19	8 55	11 40	13 30	4 27 5	1 90	2 37 5
20	9 =	12 =	14 =	4 50 =	2 =	2 50 =
21	9 45	12 60	14 70	4 72 5	2 10	2 62 5
22	9 90	13 20	15 40	4 95 =	2 20	2 75 =
23	10 35	13 80	16 10	5 17 5	2 30	2 87 5
24	10 80	14 40	16 80	5 40 =	2 40	3 = =
25	11 25	15 =	17 50	5 62 5	2 50	3 12 5
26	11 70	15 60	18 20	5 85 =	2 60	3 25 =
27	12 15	16 20	18 90	6 07 5	2 70	3 37 5
28	12 60	16 80	19 60	6 30 =	2 80	3 50 =
29	13 05	17 40	20 30	6 52 5	2 90	3 62 5
30	13 50	18 =	21 =	6 75 =	3 =	3 75 =
31	13 95	18 60	21 70	6 97 5	3 10	3 87 5
32	14 40	19 20	22 40	7 20 =	3 20	4 = =
33	14 85	19 80	23 10	7 42 5	3 30	4 12 5
34	15 30	20 40	23 80	7 65 =	3 40	4 25 =
35	15 75	21 =	24 50	7 87 5	3 50	4 37 5
36	16 20	21 60	25 20	8 10 =	3 60	4 50 =
37	16 65	22 20	25 90	8 32 5	3 70	4 62 5
38	17 10	22 80	26 60	8 55 =	3 80	4 75 =
39	17 55	23 40	27 30	8 77 5	3 90	4 87 5
40	18 =	24 =	28 =	9 = =	4 =	5 = =
41	18 45	24 60	28 70	9 22 5	4 10	5 12 5
42	18 90	25 20	29 40	9 45 =	4 20	5 25 =
43	19 35	25 80	30 10	9 67 5	4 30	5 37 5
44	19 80	26 40	30 80	9 90 =	4 40	5 50 =
45	20 25	27 =	31 50	10 12 5	4 50	5 62 5
46	20 70	27 60	32 20	10 35 =	4 60	5 75 =
47	21 15	28 20	32 90	10 57 5	4 70	5 87 5
48	21 60	28 80	33 60	10 80 =	4 80	6 = =
49	22 05	29 40	34 30	11 02 5	4 90	6 12 5
50	22 50	30 =	35 =	11 25 =	5 =	6 25 =

CAPORAL DU CENTRE.

Nombre de jours.	Solde avec vivres de campagne.		Solde en station sans vivres de campagne.		Solde en marche, avec le pain seulement.		Solde en semestre.			Solde à l'hôpital.		Supplément de solde dans Paris.		
	Fr.	C.	Fr.	C.	Fr.	C.	Fr.	C.	M.	Fr.	C.	Fr.	C.	M.
51	22	95	30	60	35	70	11	47	5	5	10	6	37	5
52	23	40	31	20	36	40	11	70	=	5	20	6	50	=
53	23	85	31	80	37	10	11	92	5	5	30	6	62	5
54	24	30	32	40	37	80	12	15	=	5	40	6	75	=
55	24	75	33	=	38	50	12	37	5	5	50	6	87	5
56	25	20	33	60	39	20	12	60	=	5	60	7	=	=
57	25	65	34	20	39	90	12	82	5	5	70	7	12	5
58	26	10	34	80	40	60	13	05	=	5	80	7	25	=
59	26	55	35	40	41	30	13	27	5	5	90	7	37	5
60	27	=	36	=	42	=	13	50	=	6	=	7	50	=
61	27	45	36	60	42	70	13	72	5	6	10	7	62	5
62	27	90	37	20	43	40	13	95	=	6	20	7	75	=
63	28	35	37	80	44	10	14	17	5	6	30	7	87	5
64	28	80	38	40	44	80	14	40	=	6	40	8	=	=
65	29	25	39	=	45	50	14	62	5	6	50	8	12	5
66	29	70	39	60	46	20	14	85	=	6	60	8	25	=
67	30	15	40	20	46	90	15	07	5	6	70	8	37	5
68	30	60	40	80	47	60	15	30	=	6	80	8	50	=
69	31	05	41	40	48	30	15	52	5	6	90	8	62	5
70	31	50	42	=	49	=	15	75	=	7	=	8	75	=
71	31	95	42	60	49	70	15	97	5	7	10	8	87	5
72	32	40	43	20	50	40	16	20	=	7	20	9	=	=
73	32	85	43	80	51	10	16	42	5	7	30	9	12	5
74	33	30	44	40	51	80	16	65	=	7	40	9	25	=
75	33	75	45	=	52	50	16	87	5	7	50	9	37	5
76	34	20	45	60	53	20	17	10	=	7	60	9	50	=
77	34	65	46	20	53	90	17	32	5	7	70	9	62	5
78	35	10	46	80	54	60	17	55	=	7	80	9	75	=
79	35	55	47	40	55	30	17	77	5	7	90	9	87	5
80	36	=	48	=	56	=	18	=	=	8	=	10	=	=
81	36	45	48	60	56	70	18	22	5	8	10	10	12	5
82	36	90	49	20	57	40	18	45	=	8	20	10	25	=
83	37	35	49	80	58	10	18	67	5	8	30	10	37	5
84	37	80	50	40	58	80	18	90	=	8	40	10	50	=
85	38	25	51	=	59	50	19	12	5	8	50	10	62	5
86	38	70	51	60	60	20	19	35	=	8	60	10	75	=
87	39	15	52	20	60	90	19	57	5	8	70	10	87	5
88	39	60	52	80	61	60	19	80	=	8	80	11	=	=
89	40	05	53	40	62	30	20	02	5	8	90	11	12	5
90	40	50	54	=	63	=	20	25	=	9	=	11	25	=
91	40	95	54	60	63	70	20	47	5	9	10	11	37	5
92	41	40	55	20	64	40	20	70	=	9	20	11	50	=
93	41	85	55	80	65	10	20	92	5	9	30	11	62	5
94	42	30	56	40	65	80	21	15	=	9	40	11	75	=
95	42	75	57	=	66	50	21	37	5	9	50	11	87	5
96	43	20	57	60	67	20	21	60	=	9	60	12	=	=
97	43	65	58	20	67	90	21	82	5	9	70	12	12	5
98	44	10	58	80	68	60	22	05	=	9	80	12	25	=
99	44	55	59	40	69	30	22	27	5	9	90	12	37	5
100	45	=	60	=	70	=	22	50	=	10	=	12	50	=

APPOINTÉ DU CENTRE (*Infanterie suisse*).

Nombre de jours.	Solde avec vivres de campagne.	Solde en station sans vivres de campagne.	Solde en marche avec le pain seulement.	Solde en semestre.	Solde à l'hôpital.	Supplément de solde dans Paris.
	Fr. C.	Fr. C.	Fr. C.	Fr. C. M.	Fr. C.	Fr. C. M.
1	= 35	= 50	= 60	= 17 5	= 10	= 07 5
2	= 70	1 00	1 20	= 35 0	= 20	= 15 0
3	1 05	1 50	1 80	= 52 5	= 30	= 22 5
4	1 40	2 00	2 40	= 70 0	= 40	= 30 0
5	1 75	2 50	3 00	= 87 5	= 50	= 37 5
6	2 10	3 00	3 60	1 05 0	= 60	= 45 0
7	2 45	3 50	4 20	1 22 5	= 70	= 52 5
8	2 80	4 00	4 80	1 40 0	= 80	= 60 0
9	3 15	4 50	5 40	1 57 5	= 90	= 67 5
10	3 50	5 00	6 00	1 75 0	1 00	= 75 0
11	3 85	5 50	6 60	1 92 5	1 10	= 82 5
12	4 20	6 00	7 20	2 10 0	1 20	= 90 0
13	4 55	6 50	7 80	2 27 5	1 30	= 97 5
14	4 90	7 00	8 40	2 45 0	1 40	1 05 0
15	5 25	7 50	9 00	2 62 5	1 50	1 12 5
16	5 60	8 00	9 60	2 80 0	1 60	1 20 0
17	5 95	8 50	10 20	2 97 5	1 70	1 27 5
18	6 30	9 00	10 80	3 15 0	1 80	1 35 0
19	6 65	9 50	11 40	3 32 5	1 90	1 42 5
20	7 00	10 00	12 00	3 50 0	2 00	1 50 0
21	7 35	10 50	12 60	3 67 5	2 10	1 57 5
22	7 70	11 00	13 20	3 85 0	2 20	1 65 0
23	8 05	11 50	13 80	4 02 5	2 30	1 72 5
24	8 40	12 00	14 40	4 20 0	2 40	1 80 0
25	8 75	12 50	15 00	4 37 5	2 50	1 87 5
26	9 10	13 00	15 60	4 55 0	2 60	1 95 0
27	9 45	13 50	16 20	4 72 5	2 70	2 02 5
28	9 80	14 00	16 80	4 90 0	2 80	2 10 0
29	10 15	14 50	17 40	5 07 5	2 90	2 17 5
30	10 50	15 00	18 00	5 25 0	3 00	2 25 0
31	10 85	15 50	18 60	5 42 5	3 10	2 32 5
32	11 20	16 00	19 20	5 60 0	3 20	2 40 0
33	11 55	16 50	19 80	5 77 5	3 30	2 47 5
34	11 90	17 00	20 40	5 95 0	3 40	2 55 0
35	12 25	17 50	21 00	6 12 5	3 50	2 62 5
36	12 60	18 00	21 60	6 30 0	3 60	2 70 0
37	12 95	18 50	22 20	6 47 5	3 70	2 77 5
38	13 30	19 00	22 80	6 65 0	3 80	2 85 0
39	13 65	19 50	23 40	6 82 5	3 90	2 92 5
40	14 00	20 00	24 00	7 00 0	4 00	3 00 0
41	14 35	20 50	24 60	7 17 5	4 10	3 07 5
42	14 70	21 00	25 20	7 35 0	4 20	3 15 0
43	15 05	21 50	25 80	7 52 5	4 30	3 22 5
44	15 40	22 00	26 40	7 70 0	4 40	3 30 0
45	15 75	22 50	27 00	7 87 5	4 50	3 37 5
46	16 10	23 00	27 60	8 05 0	4 60	3 45 0
47	16 45	23 50	28 20	8 22 5	4 70	3 52 5
48	16 80	24 00	28 80	8 40 0	4 80	3 60 0
49	17 15	24 50	29 40	8 57 5	4 90	3 67 5
50	17 50	25 00	30 00	8 75 0	5 00	3 75 0

APPOINTÉ DU CENTRE (*Infanterie suisse*).

Nombre de jours.	Solde avec vivres de campagne.	Solde en station sans vivres de campagne.	Solde en marche avec le pain seulement.	Solde en semestre.	Solde à l'hôpital.	Supplément de solde dans Paris.
	Fr. C.	Fr. C.	Fr. C.	Fr. C. M.	Fr. C.	Fr. C. M.
51	17 85	25 50	30 60	8 92 5	5 10	3 82 5
52	18 20	26 00	31 20	9 10 0	5 20	3 90 0
53	18 55	26 50	31 80	9 27 5	5 30	3 97 5
54	18 90	27 00	32 40	9 45 0	5 40	4 05 0
55	19 25	27 50	33 00	9 62 5	5 50	4 12 5
56	19 60	28 00	33 60	9 80 0	5 60	4 20 0
57	19 95	28 50	34 20	9 97 5	5 70	4 27 5
58	20 30	29 00	34 80	10 15 0	5 80	4 35 0
59	20 65	29 50	35 40	10 32 5	5 90	4 42 5
60	21 00	30 00	36 00	10 50 0	6 00	4 50 0
61	21 35	30 50	36 60	10 67 5	6 10	4 57 5
62	21 70	31 00	37 20	10 85 0	6 20	4 65 0
63	22 05	31 50	37 80	11 02 5	6 30	4 72 5
64	22 40	32 00	38 40	11 20 0	6 40	4 80 0
65	22 75	32 50	39 00	11 37 5	6 50	4 87 5
66	23 10	33 00	39 60	11 55 0	6 60	4 95 0
67	23 45	33 50	40 20	11 72 5	6 70	5 02 5
68	23 80	34 00	40 80	11 90 0	6 80	5 10 0
69	24 15	34 50	41 40	12 07 5	6 90	5 17 5
70	24 50	35 00	42 00	12 25 0	7 00	5 25 0
71	24 85	35 50	42 60	12 42 5	7 10	5 32 5
72	25 20	36 00	43 20	12 60 0	7 20	5 40 0
73	25 55	36 50	43 80	12 77 5	7 30	5 47 5
74	25 90	37 00	44 40	12 95 0	7 40	5 55 0
75	26 25	37 50	45 00	13 12 5	7 50	5 62 5
76	26 60	38 00	45 60	13 30 0	7 60	5 70 0
77	26 95	38 50	46 20	13 47 5	7 70	5 77 5
78	27 30	39 00	46 80	13 65 0	7 80	5 85 0
79	27 65	39 50	47 40	13 82 5	7 90	5 92 5
80	28 00	40 00	48 00	14 00 0	8 00	6 00 0
81	28 35	40 50	48 60	14 17 5	8 10	6 07 5
82	28 70	41 00	49 20	14 35 0	8 20	6 15 0
83	29 05	41 50	49 80	14 52 5	8 30	6 22 5
84	29 40	42 00	50 40	14 70 0	8 40	6 30 0
85	29 75	42 50	51 00	14 87 5	8 50	6 37 5
86	30 10	43 00	51 60	15 05 0	8 60	6 45 0
87	30 45	43 50	52 20	15 22 5	8 70	6 52 5
88	30 80	44 00	52 80	15 40 0	8 80	6 60 0
89	31 15	44 50	53 40	15 57 5	8 90	6 67 5
90	31 50	45 00	54 00	15 75 0	9 00	6 75 0
91	31 85	45 50	54 60	15 92 5	9 10	6 82 5
92	32 20	46 00	55 20	16 10 0	9 20	6 90 0
93	32 55	46 50	55 80	16 27 5	9 30	6 97 5
94	32 90	47 00	56 40	16 45 0	9 40	7 05 0
95	33 25	47 50	57 00	16 62 5	9 50	7 12 5
96	33 60	48 00	57 60	16 80 0	9 60	7 20 0
97	33 95	48 50	58 20	16 97 5	9 70	7 27 5
98	34 30	49 00	58 80	17 15 0	9 80	7 35 0
99	34 65	49 50	59 40	17 32 5	9 90	7 42 5
100	35 00	50 00	60 00	17 50 0	10 00	7 50 0

FUSILIER.

Nombre de jours.	Solde avec vivres de campagne.		Solde en station sans vivres de campagne.		Solde en marche, avec le pain seulement.		Solde en semestre.		Solde à l'hôpital.		Supplément de solde dans Paris.	
	Fr.	C.	Fr.	C.	Fr.	C.	Fr.	C.	Fr.	C.	Fr.	C.
1	=	30	=	45	=	55	=	15	=	10	=	05
2	=	60	=	90	1	10	=	30	=	20	=	10
3	=	90	1	35	1	65	=	45	=	30	=	15
4	1	20	1	80	2	20	=	60	=	40	=	20
5	1	50	2	25	2	75	=	75	=	50	=	25
6	1	80	2	70	3	30	=	90	=	60	=	30
7	2	10	3	15	3	85	1	05	=	70	=	35
8	2	40	3	60	4	40	1	20	=	80	=	40
9	2	70	4	05	4	95	1	35	=	90	=	45
10	3	=	4	50	5	50	1	50	1	=	=	50
11	3	30	4	95	6	05	1	65	1	10	=	55
12	3	60	5	40	6	60	1	80	1	20	=	60
13	3	90	5	85	7	15	1	95	1	30	=	65
14	4	20	6	30	7	70	2	10	1	40	=	70
15	4	50	6	75	8	25	2	25	1	50	=	75
16	4	80	7	20	8	80	2	40	1	60	=	80
17	5	10	7	65	9	35	2	55	1	70	=	85
18	5	40	8	10	9	90	2	70	1	80	=	90
19	5	70	8	55	10	45	2	85	1	90	=	95
20	6	=	9	=	11	=	3	=	2	=	1	=
21	6	30	9	45	11	55	3	15	2	10	1	05
22	6	60	9	90	12	10	3	30	2	20	1	10
23	6	90	10	35	12	65	3	45	2	30	1	15
24	7	20	10	80	13	20	3	60	2	40	1	20
25	7	50	11	25	13	75	3	75	2	50	1	25
26	7	80	11	70	14	30	3	90	2	60	1	30
27	8	10	12	15	14	85	4	05	2	70	1	35
28	8	40	12	60	15	40	4	20	2	80	1	40
29	8	70	13	05	15	95	4	35	2	90	1	45
30	9	=	13	50	16	50	4	50	3	=	1	50
31	9	30	13	95	17	05	4	65	3	10	1	55
32	9	60	14	40	17	60	4	80	3	20	1	60
33	9	90	14	85	18	15	4	95	3	30	1	65
34	10	20	15	30	18	70	5	10	3	40	1	70
35	10	50	15	75	19	25	5	25	3	50	1	75
36	10	80	16	20	19	80	5	40	3	60	1	80
37	11	10	16	65	20	35	5	55	3	70	1	85
38	11	40	17	10	20	90	5	70	3	80	1	90
39	11	70	17	55	21	45	5	85	3	90	1	95
40	12	=	18	=	22	=	6	=	4	=	2	=
41	12	30	18	45	22	55	6	15	4	10	2	05
42	12	60	18	90	23	10	6	30	4	20	2	10
43	12	90	19	35	23	65	6	45	4	30	2	15
44	13	20	19	80	24	20	6	60	4	40	2	20
45	13	50	20	25	24	75	6	75	4	50	2	25
46	13	80	20	70	25	30	6	90	4	60	2	30
47	14	10	21	15	25	85	7	05	4	70	2	35
48	14	40	21	60	26	40	7	20	4	80	2	40
49	14	70	22	05	26	95	7	35	4	90	2	45
50	15	=	22	50	27	50	7	50	5	=	2	50

FUSILIER.

Nombre de jours	Solde avec vivres de campagne.		Solde en station sans vivres de campagne.		Solde en marche, avec le pain seulement.		Solde en semestre.		Solde à l'hôpital.		Supplément de solde dans Paris.	
	Fr.	C.	Fr.	C.	Fr.	C.	Fr.	C.	Fr.	C.	Fr.	C.
51	15	30	22	95	28	05	7	65	5	10	2	55
52	15	60	23	40	28	60	7	80	5	20	2	60
53	15	90	23	85	29	15	7	95	5	30	2	65
54	16	20	24	30	29	70	8	10	5	40	2	70
55	16	50	24	75	30	25	8	25	5	50	2	75
56	16	80	25	20	30	60	8	40	5	60	2	80
57	17	10	25	65	31	35	8	55	5	70	2	85
58	17	40	26	10	31	90	8	70	5	80	2	90
59	17	70	26	55	32	45	8	85	5	90	2	95
60	18	=	27	=	33	=	9	=	6	=	3	=
61	18	30	27	45	33	55	9	15	6	10	3	05
62	18	60	27	90	34	10	9	30	6	20	3	10
63	18	90	28	35	34	65	9	45	6	30	3	15
64	19	20	28	80	35	20	9	60	6	40	3	20
65	19	50	29	25	35	75	9	75	6	50	3	25
66	19	80	29	70	36	30	9	90	6	60	3	30
67	20	10	30	15	36	85	10	05	6	70	3	35
68	20	40	30	60	37	40	10	20	6	80	3	40
69	20	70	31	05	37	95	10	35	6	90	3	45
70	21	=	31	50	38	50	10	50	7	=	3	50
71	21	30	31	95	39	05	10	65	7	10	3	55
72	21	60	32	40	39	60	10	80	7	20	3	60
73	21	90	32	85	40	15	10	95	7	30	3	65
74	22	20	33	30	40	70	11	10	7	40	3	70
75	22	50	33	75	41	25	11	25	7	50	3	75
76	22	80	34	20	41	80	11	40	7	60	3	80
77	23	10	34	65	42	35	11	55	7	70	3	85
78	23	40	35	10	42	90	11	70	7	80	3	90
79	23	70	35	55	43	45	11	85	7	90	3	95
80	24	=	36	=	44	=	12	=	8	=	4	=
81	24	30	36	45	44	55	12	15	8	10	4	05
82	24	60	36	90	45	10	12	30	8	20	4	10
83	24	90	37	35	45	65	12	45	8	30	4	15
84	25	20	37	80	46	20	12	60	8	40	4	20
85	25	50	38	25	46	75	12	75	8	50	4	25
86	25	80	38	70	47	30	12	90	8	60	4	30
87	26	10	39	15	47	85	13	05	8	70	4	35
88	26	40	39	60	48	40	13	20	8	80	4	40
89	26	70	40	05	48	95	13	35	8	90	4	45
90	27	=	40	50	49	50	13	50	9	=	4	50
91	27	30	40	95	50	05	13	65	9	10	4	55
92	27	60	41	40	50	60	13	80	9	20	4	60
93	27	90	41	85	51	15	13	95	9	30	4	65
94	28	20	42	30	51	70	14	10	9	40	4	70
95	28	50	42	75	52	25	14	25	9	50	4	75
96	28	80	43	20	52	80	14	40	9	60	4	80
97	29	10	43	65	53	35	14	55	9	70	4	85
98	29	40	44	10	53	90	14	70	9	80	4	90
99	29	70	44	55	54	45	14	85	9	90	4	95
100	30	=	45	=	55	=	15	=	10	=	5	=

TAMBOUR DU CENTRE.

Nombre de jours.	Solde avec vivres de campagne.		Solde en station sans vivres de campagne.		Solde en marche, avec le pain seulement.		Solde en semestre.		Solde à l'hôpital.		Supplément de solde dans Paris.	
	Fr.	C.	Fr.	C.	Fr.	C.	Fr.	C.	Fr.	C.	Fr.	C.
1	=	40	=	55	=	65	=	25	=	20	=	05
2	=	80	1	10	1	30	=	50	=	40	=	10
3	1	20	1	65	1	95	=	75	=	60	=	15
4	1	60	2	20	2	60	1	=	=	80	=	20
5	2	=	2	75	3	25	1	25	1	=	=	25
6	2	40	3	30	3	90	1	50	1	20	=	30
7	2	80	3	85	4	55	1	75	1	40	=	35
8	3	20	4	40	5	20	2	=	1	60	=	40
9	3	60	4	95	5	85	2	25	1	80	=	45
10	4	=	5	50	6	50	2	50	2	=	=	50
11	4	40	6	05	7	15	2	75	2	20	=	55
12	4	80	6	60	7	80	3	=	2	40	=	60
13	5	20	7	15	8	45	3	25	2	60	=	65
14	5	60	7	70	9	10	3	50	2	80	=	70
15	6	=	8	25	9	75	3	75	3	=	=	75
16	6	40	8	80	10	40	4	=	3	20	=	80
17	6	80	9	35	11	05	4	25	3	40	=	85
18	7	20	9	90	11	70	4	50	3	60	=	90
19	7	60	10	45	12	35	4	75	3	80	=	95
20	8	=	11	=	13	=	5	=	4	=	1	=
21	8	40	11	55	13	65	5	25	4	20	1	05
22	8	80	12	10	14	30	5	50	4	40	1	10
23	9	20	12	65	14	95	5	75	4	60	1	15
24	9	60	13	20	15	60	6	=	4	80	1	20
25	10	=	13	75	16	25	6	25	5	=	1	25
26	10	40	14	30	16	90	6	50	5	20	1	30
27	10	80	14	85	17	55	6	75	5	40	1	35
28	11	20	15	40	18	20	7	=	5	60	1	40
29	11	60	15	95	18	85	7	25	5	80	1	45
30	12	=	16	50	19	50	7	50	6	=	1	50
31	12	40	17	05	20	15	7	75	6	20	1	55
32	12	80	17	60	20	80	8	=	6	40	1	60
33	13	20	18	15	21	45	8	25	6	60	1	65
34	13	60	18	70	22	10	8	50	6	80	1	70
35	14	=	19	25	22	75	8	75	7	=	1	75
36	14	40	19	80	23	40	9	=	7	20	1	80
37	14	80	20	35	24	05	9	25	7	40	1	85
38	15	20	20	90	24	70	9	50	7	60	1	90
39	15	60	21	45	25	35	9	75	7	80	1	95
40	16	=	22	=	26	=	10	=	8	=	2	=
41	16	40	22	55	26	65	10	25	8	20	2	05
42	16	80	23	10	27	30	10	50	8	40	2	10
43	17	20	23	65	27	95	10	75	8	60	2	15
44	17	60	24	20	28	60	11	=	8	80	2	20
45	18	=	24	75	29	25	11	25	9	=	2	25
46	18	40	25	30	29	90	11	50	9	20	2	30
47	18	80	25	85	30	55	11	75	9	40	2	35
48	19	20	26	40	31	20	12	=	9	60	2	40
49	19	60	26	95	31	85	12	25	9	80	2	45
50	20	=	27	50	32	50	12	50	10	=	2	50

TAMBOUR DU CENTRE.

Nombre de jours	Solde avec vivres de campagne.		Solde en station sans vivres de campagne.		Solde en marche, avec le pain seulement.		Solde en semestre.		Solde à l'hôpital.		Supplément de solde dans Paris.	
	Fr.	C.	Fr.	C.	Fr.	C.	Fr.	C.	Fr.	C.	Fr.	C.
51	20	40	28	05	33	15	12	75	10	20	2	55
52	20	80	28	60	33	80	13	»	10	40	2	60
53	21	20	29	15	34	45	13	25	10	60	2	65
54	21	60	29	70	35	10	13	50	10	80	2	70
55	22	»	30	25	35	75	13	75	11	»	2	75
56	22	40	30	80	36	40	14	»	11	20	2	80
57	22	80	31	35	37	05	14	25	11	40	2	85
58	23	20	31	90	37	70	14	50	11	60	2	90
59	23	60	32	45	38	35	14	75	11	80	2	95
60	24	»	33	»	39	»	15	»	12	»	3	»
61	24	40	33	55	39	65	15	25	12	20	3	05
62	24	80	34	10	40	30	15	50	12	40	3	10
63	25	20	34	65	40	95	15	75	12	60	3	15
64	25	60	35	20	41	60	16	»	12	80	3	20
65	26	»	35	75	42	25	16	25	13	»	3	25
66	26	40	36	30	42	90	16	50	13	20	3	30
67	26	80	36	85	43	55	16	75	13	40	3	35
68	27	20	37	40	44	20	17	»	13	60	3	40
69	27	60	37	95	44	85	17	25	13	80	3	45
70	28	»	38	50	45	50	17	50	14	»	3	50
71	28	40	39	05	46	15	17	75	14	20	3	55
72	28	80	39	60	46	80	18	»	14	40	3	60
73	29	20	40	15	47	45	18	25	14	60	3	65
74	29	60	40	70	48	10	18	50	14	80	3	70
75	30	»	41	25	48	75	18	75	15	»	3	75
76	30	40	41	80	49	40	19	»	15	20	3	80
77	30	80	42	35	50	05	19	25	15	40	3	85
78	31	20	42	90	50	70	19	50	15	60	3	90
79	31	60	43	45	51	35	19	75	15	80	3	95
80	32	»	44	»	52	»	20	»	16	»	4	»
81	32	40	44	55	52	65	20	25	16	20	4	05
82	32	80	45	10	53	30	20	50	16	40	4	10
83	33	20	45	65	53	95	20	75	16	60	4	15
84	33	60	46	20	54	60	21	»	16	80	4	20
85	34	»	46	75	55	25	21	25	17	»	4	25
86	34	40	47	30	55	90	21	50	17	20	4	30
87	34	80	47	85	56	55	21	75	17	40	4	35
88	35	20	48	40	57	20	22	»	17	60	4	40
89	35	60	48	95	57	85	22	25	17	80	4	45
90	36	»	49	50	58	50	22	50	18	»	4	50
91	36	40	50	05	59	15	22	75	18	20	4	55
92	36	80	50	60	59	80	23	»	18	40	4	60
93	37	20	51	15	60	45	23	25	18	60	4	65
94	37	60	51	70	61	10	23	50	18	80	4	70
95	38	»	52	25	61	75	23	75	19	»	4	75
96	38	40	52	80	62	40	24	»	19	20	4	80
97	38	80	53	35	63	05	24	25	19	40	4	85
98	39	20	53	90	63	70	24	50	19	60	4	90
99	39	60	54	45	64	35	24	75	19	80	4	95
100	40	»	55	»	65	»	25	»	20	»	5	»

ENFANT DE TROUPE.

Nombre de jours	Solde en station sans vivres de campagne.		Solde en marche, avec le pain seulement.		Solde en semestre.		Solde à l'hôpital.		Supplément de solde dans Paris.		
	Fr.	C.	Fr.	C.	Fr.	C.	Fr.	C.	Fr.	C.	M.
1	=	20	=	40	=		=	10	=	07	5
2	=	40	=	80	=		=	20	=	15	=
3	=	60	1	20	=		=	30	=	22	5
4	=	80	1	60	=		=	40	=	30	=
5	1	=	2	=	=		=	50	=	37	5
6	1	20	2	40	=		=	60	=	45	=
7	1	40	2	80	=		=	70	=	52	5
8	1	60	3	20	=		=	80	=	60	=
9	1	80	3	60	=		=	90	=	67	5
10	2	=	4	=	=		1	=	=	75	=
11	2	20	4	40	=		1	10	=	82	5
12	2	40	4	80	=		1	20	=	90	=
13	2	60	5	20	=		1	30	=	97	5
14	2	80	5	60	=		1	40	1	05	=
15	3	=	6	=	=		1	50	1	12	5
16	3	20	6	40	=		1	60	1	20	=
17	3	40	6	80	=		1	70	1	27	5
18	3	60	7	20	=		1	80	1	35	=
19	3	80	7	60	=		1	90	1	42	5
20	4	=	8	=	=		2	=	1	50	=
21	4	20	8	40	=		2	10	1	57	5
22	4	40	8	80	=		2	20	1	65	=
23	4	60	9	20	=		2	30	1	72	5
24	4	80	9	60	=		2	40	1	80	=
25	5	=	10	=	=		2	50	1	87	5
26	5	20	10	40	=		2	60	1	95	=
27	5	40	10	80	=		2	70	2	02	5
28	5	60	11	20	=		2	80	2	10	=
29	5	80	11	60	=		2	90	2	17	5
30	6	=	12	=	=		3	=	2	25	=
31	6	20	12	40	=		3	10	2	32	5
32	6	40	12	80	=		3	20	2	40	=
33	6	60	13	20	=		3	30	2	47	5
34	6	80	13	60	=		3	40	2	55	=
35	7	=	14	=	=		3	50	2	62	5
36	7	20	14	40	=		3	60	2	70	=
37	7	40	14	80	=		3	70	2	77	5
38	7	60	15	20	=		3	80	2	85	=
39	7	80	15	60	=		3	90	2	92	5
40	8	=	16	=	=		4	=	3	=	=
41	8	20	16	40	=		4	10	3	07	5
42	8	40	16	80	=		4	20	3	15	=
43	8	60	17	20	=		4	30	3	22	5
44	8	80	17	60	=		4	40	3	30	=
45	9	=	18	=	=		4	50	3	37	5
46	9	20	18	40	=		4	60	3	45	=
47	9	40	18	80	=		4	70	3	52	5
48	9	60	19	20	=		4	80	3	60	=
49	9	80	19	60	=		4	90	3	67	5
50	10	=	20	=	=		5	=	3	75	=

ENFANT DE TROUPE.

Nombre de jours	Solde en station sans vivres de campagne.		Solde en marche, avec le pain seulement.		Solde en semestre.		Solde à l'hôpital.		Supplément de solde dans Paris.		
	Fr.	C.	Fr.	C.	Fr.	C.	Fr.	C.	Fr.	C.	M.
51	10	20	20	40	″		5	10	3	82	5
52	10	40	20	80	″		5	20	3	90	″
53	10	60	21	20	″		5	30	3	97	5
54	10	80	21	60	″		5	40	4	05	″
55	11	″	22	″	″		5	50	4	12	5
56	11	20	22	40	″		5	60	4	20	″
57	11	40	22	80	″		5	70	4	27	5
58	11	60	23	20	″		5	80	4	35	″
59	11	80	23	60	″		5	90	4	42	5
60	12	″	24	″	″		6	″	4	50	″
61	12	20	24	40	″		6	10	4	57	5
62	12	40	24	80	″		6	20	4	65	″
63	12	60	25	20	″		6	30	4	72	5
64	12	80	25	60	″		6	40	4	80	″
65	13	″	26	″	″		6	50	4	87	5
66	13	20	26	40	″		6	60	4	95	″
67	13	40	26	80	″		6	70	5	02	5
68	13	60	27	20	″		6	80	5	10	″
69	13	80	27	60	″		6	90	5	17	5
70	14	″	28	″	″		7	″	5	25	″
71	14	20	28	40	″		7	10	5	32	5
72	14	40	28	80	″		7	20	5	40	″
73	14	60	29	20	″		7	30	5	47	5
74	14	80	29	60	″		7	40	5	55	″
75	15	″	30	″	″		7	50	5	62	5
76	15	20	30	40	″		7	60	5	70	″
77	15	40	30	80	″		7	70	5	77	5
78	15	60	31	20	″		7	80	5	85	″
79	15	80	31	60	″		7	90	5	92	5
80	16	″	32	″	″		8	″	6	″	″
81	16	20	32	40	″		8	10	6	07	5
82	16	40	32	80	″		8	20	6	15	″
83	16	60	33	20	″		8	30	6	22	5
84	16	80	33	60	″		8	40	6	30	″
85	17	″	34	″	″		8	50	6	37	5
86	17	20	34	40	″		8	60	6	45	″
87	17	40	34	80	″		8	70	6	52	5
88	17	60	35	20	″		8	80	6	60	″
89	17	80	35	60	″		8	90	6	67	5
90	18	″	36	″	″		9	″	6	75	″
91	18	20	36	40	″		9	10	6	82	5
92	18	40	36	80	″		9	20	6	90	″
93	18	60	37	20	″		9	30	6	97	5
94	18	80	37	60	″		9	40	7	05	″
95	19	″	38	″	″		9	50	7	12	5
96	19	20	38	40	″		9	60	7	20	″
97	19	40	38	80	″		9	70	7	27	5
98	19	60	39	20	″		9	80	7	35	″
99	19	80	39	60	″		9	90	7	42	5
100	20	″	40	″	″		10	″	7	50	″

SUPPLÉMENT DE SOLDE (Officiers)
pour les distances d'étapes parcourues en un jour en sus de la première.

Nombre de distances.	Colonel.		Lieutenant-Colonel.		Chef de bataillon et Major.		Capitaine, Adjudant-maj.r, Chirurg.n major et Aumônier.		Lieutenant, Sous-lieutenant, Chirurg. aide- et sous-aide-maj.r et Porte-drap.	
	Fr.	C.	Fr.	C.	Fr.	C.	Fr.	C.	Fr.	C.
1	2	=	1	80	1	60	1	20	1	=
2	4	=	3	60	3	20	2	40	2	=
3	6	=	5	40	4	80	3	60	3	=
4	8	=	7	20	6	40	4	80	4	=
5	10	=	9	=	8	=	6	=	5	=
6	12	=	10	80	9	60	7	20	6	=
7	14	=	12	60	11	20	8	40	7	=
8	16	=	14	40	12	80	9	60	8	=
9	18	=	16	20	14	40	10	80	9	=
10	20	=	18	=	16	=	12	=	10	=
11	22	=	19	80	17	60	13	20	11	=
12	24	=	21	60	19	20	14	40	12	=
13	26	=	23	40	20	80	15	60	13	=
14	28	=	25	20	22	40	16	80	14	=
15	30	=	27	=	24	=	18	=	15	=
16	32	=	28	80	25	60	19	20	16	=
17	34	=	30	60	27	20	20	40	17	=
18	36	=	32	40	28	80	21	60	18	=
19	38	=	34	20	30	40	22	80	19	=
20	40	=	36	=	32	=	24	=	20	=
21	42	=	37	80	33	60	25	20	21	=
22	44	=	39	60	35	20	26	40	22	=
23	46	=	41	40	36	80	27	60	23	=
24	48	=	43	20	38	40	28	80	24	=
25	50	=	45	=	40	=	30	=	25	=
26	52	=	46	80	41	60	31	20	26	=
27	54	=	48	60	43	20	32	40	27	=
28	56	=	50	40	44	80	33	60	28	=
29	58	=	52	20	46	40	34	80	29	=
30	60	=	54	=	48	=	36	=	30	=
31	62	=	55	80	49	60	37	20	31	=
32	64	=	57	60	51	20	38	40	32	=
33	66	=	59	40	52	80	39	60	33	=
34	68	=	61	20	54	40	40	80	34	=
35	70	=	63	=	56	=	42	=	35	=
36	72	=	64	80	57	60	43	20	36	=
37	74	=	66	60	59	20	44	40	37	=
38	76	=	68	40	60	80	45	60	38	=
39	78	=	70	20	62	40	46	80	39	=
40	80	=	72	=	64	=	48	=	40	=
41	82	=	73	80	65	60	49	20	41	=
42	84	=	75	60	67	20	50	40	42	=
43	86	=	77	40	68	80	51	60	43	=
44	88	=	79	20	70	40	52	80	44	=
45	90	=	81	=	72	=	54	=	45	=
46	92	=	82	80	73	60	55	20	46	=
47	94	=	84	60	75	20	56	40	47	=
48	96	=	86	40	76	80	57	60	48	=
49	98	=	88	20	78	40	58	80	49	=
50	100	=	90	=	80	=	60	=	50	=

SUPPLÉMENT DE SOLDE (Officiers).

Nombre de distances.	Colonel.		Lieutenant-Colonel.		Chef de bataillon et Major.		Capitaine, Adjudant-maj.r, Chirurg.n major et Aumônier.		Lieutenant, Sous-lieutenant, Chirurg. aide et sous-aide-maj.r et Porte-drap.	
	Fr.	C.	Fr.	C.	Fr.	C.	Fr.	C.	Fr.	C.
51	102	=	91	80	81	60	61	20	51	=
52	104	=	93	60	83	20	62	40	52	=
53	106	=	95	40	84	80	63	60	53	=
54	108	=	97	20	86	40	64	80	54	=
55	110	=	99	=	88	=	66	=	55	=
56	112	=	100	80	89	60	67	20	56	=
57	114	=	102	60	91	20	68	40	57	=
58	116	=	104	40	92	80	69	60	58	=
59	118	=	106	20	94	40	70	80	59	=
60	120	=	108	=	96	=	72	=	60	=
61	122	=	109	80	97	60	73	20	61	=
62	124	=	111	60	99	20	74	40	62	=
63	126	=	113	40	100	80	75	60	63	=
64	128	=	115	20	102	40	76	80	64	=
65	130	=	117	=	104	=	78	=	65	=
66	132	=	118	80	105	60	79	20	66	=
67	134	=	120	60	107	20	80	40	67	=
68	136	=	122	40	108	80	81	60	68	=
69	138	=	124	20	110	40	82	80	69	=
70	140	=	126	=	112	=	84	=	70	=
71	142	=	127	80	113	60	85	20	71	=
72	144	=	129	60	115	20	86	40	72	=
73	146	=	131	40	116	80	87	60	73	=
74	148	=	133	20	118	40	88	80	74	=
75	150	=	135	=	120	=	90	=	75	=
76	152	=	136	80	121	60	91	20	76	=
77	154	=	138	60	123	20	92	40	77	=
78	156	=	140	40	124	80	93	60	78	=
79	158	=	142	20	126	40	94	80	79	=
80	160	=	144	=	128	=	96	=	80	=
81	162	=	145	80	129	60	97	20	81	=
82	164	=	147	60	131	20	98	40	82	=
83	166	=	149	40	132	80	99	60	83	=
84	168	=	151	20	134	40	100	80	84	=
85	170	=	153	=	136	=	102	=	85	=
86	172	=	154	80	137	60	103	20	86	=
87	174	=	156	60	139	20	104	40	87	=
88	176	=	158	40	140	80	105	60	88	=
89	178	=	160	20	142	40	106	80	89	=
90	180	=	162	=	144	=	108	=	90	=
91	182	=	163	80	145	60	109	20	91	=
92	184	=	165	60	147	20	110	40	92	=
93	186	=	167	40	148	80	111	60	93	=
94	188	=	169	20	150	40	112	80	94	=
95	190	=	171	=	152	=	114	=	95	=
96	192	=	172	80	153	60	115	20	96	=
97	194	=	174	60	155	20	116	40	97	=
98	196	=	176	40	156	80	117	60	98	=
99	198	=	178	20	158	40	118	80	99	=
100	200	=	180	=	160	=	120	=	100	=

SUPPLÉMENT DE SOLDE (Troupe);
Pour les distances d'étapes parcourues en un jour en sus de la première.

Nombre de distances.	Adjudant-sous-officier.		Sergent-major et Tambour-major.		Sergent et Fourrier.		Caporal, cap. tamb., soldat, tambour, music., maître-ouvr. et enfant de troupe.	
	Fr.	C.	Fr.	C.	Fr.	C.	Fr.	C.
1	=	40	=	16	=	14	=	10
2	=	80	=	32	=	28	=	20
3	1	20	=	48	=	42	=	30
4	1	60	=	64	=	56	=	40
5	2	00	=	80	=	70	=	50
6	2	40	=	96	=	84	=	60
7	2	80	1	12	=	98	=	70
8	3	20	1	28	1	12	=	80
9	3	60	1	44	1	26	=	90
10	4	00	1	60	1	40	1	00
11	4	40	1	76	1	54	1	10
12	4	80	1	92	1	68	1	20
13	5	20	2	08	1	82	1	30
14	5	60	2	24	1	96	1	40
15	6	00	2	40	2	10	1	50
16	6	40	2	56	2	24	1	60
17	6	80	2	72	2	38	1	70
18	7	20	2	88	2	52	1	80
19	7	60	3	04	2	66	1	90
20	8	00	3	20	2	80	2	00
21	8	40	3	36	2	94	2	10
22	8	80	3	52	3	08	2	20
23	9	20	3	68	3	22	2	30
24	9	60	3	84	3	36	2	40
25	10	00	4	00	3	50	2	50
26	10	40	4	16	3	64	2	60
27	10	80	4	32	3	78	2	70
28	11	20	4	48	3	92	2	80
29	11	60	4	64	4	06	2	90
30	12	00	4	80	4	20	3	00
31	12	40	4	96	4	34	3	10
32	12	80	5	12	4	48	3	20
33	13	20	5	28	4	62	3	30
34	13	60	5	44	4	76	3	40
35	14	00	5	60	4	90	3	50
36	14	40	5	76	5	04	3	60
37	14	80	5	92	5	18	3	70
38	15	20	6	08	5	32	3	80
39	15	60	6	24	5	46	3	90
40	16	00	6	40	5	60	4	00
41	16	40	6	56	5	74	4	10
42	16	80	6	72	5	88	4	20
43	17	20	6	88	6	02	4	30
44	17	60	7	04	6	16	4	40
45	18	00	7	20	6	30	4	50
46	18	40	7	36	6	44	4	60
47	18	80	7	52	6	58	4	70
48	19	20	7	68	6	72	4	80
49	19	60	7	84	6	86	4	90
50	20	00	8	00	7	00	5	00

K

SUPPLÉMENT DE SOLDE (TROUPE).

Nombre de distances.	Adjudant-sous-officier.		Sergent-major et Tambour-major.		Sergent et Fourrier.		Caporal, cap. tamb., soldat, tambour, musicien, maître-ouv. et enfant de troupe.	
	Fr.	C.	Fr.	C.	Fr.	C.	Fr.	C.
51	20	40	8	16	7	14	5	10
52	20	80	8	32	7	28	5	20
53	21	20	8	48	7	42	5	30
54	21	60	8	64	7	56	5	40
55	22	00	8	80	7	70	5	50
56	22	40	8	96	7	84	5	60
57	22	80	9	12	7	98	5	70
58	23	20	9	28	8	12	5	80
59	23	60	9	44	8	26	5	90
60	24	00	9	60	8	40	6	00
61	24	40	9	76	8	54	6	10
62	24	80	9	92	8	68	6	20
63	25	20	10	08	8	82	6	30
64	25	60	10	24	8	96	6	40
65	26	00	10	40	9	10	6	50
66	26	40	10	56	9	24	6	60
67	26	80	10	72	9	38	6	70
68	27	20	10	88	9	52	6	80
69	27	60	11	04	9	66	6	90
70	28	00	11	20	9	80	7	00
71	28	40	11	36	9	94	7	10
72	28	80	11	52	10	08	7	20
73	29	20	11	68	10	22	7	30
74	29	60	11	84	10	36	7	40
75	30	00	12	00	10	50	7	50
76	30	40	12	16	10	64	7	60
77	30	80	12	32	10	78	7	70
78	31	20	12	48	10	92	7	80
79	31	60	12	64	11	06	7	90
80	32	00	12	80	11	20	8	00
81	32	40	12	96	11	34	8	10
82	32	80	13	12	11	48	8	20
83	33	20	13	28	11	62	8	30
84	33	60	13	44	11	76	8	40
85	34	00	13	60	11	90	8	50
86	34	40	13	76	12	04	8	60
87	34	80	13	92	12	18	8	70
88	35	20	14	08	12	32	8	80
89	35	60	14	24	12	46	8	90
90	36	00	14	40	12	60	9	00
91	36	40	14	56	12	74	9	10
92	36	80	14	72	12	88	9	20
93	37	20	14	88	13	02	9	30
94	37	60	15	04	13	16	9	40
95	38	00	15	20	13	30	9	50
96	38	40	15	36	13	44	9	60
97	38	80	15	52	13	58	9	70
98	39	20	15	68	13	72	9	80
99	39	60	15	84	13	86	9	90
100	40	00	16	00	14	00	10	00

INDEMNITÉ DE LOGEMENT.

Nombre de jours.	Colonel.			Lieutenant-Colonel.		Chef de bataillon et Major.			Capitaine, Trésorier, Adjud. major, Chirurg. maj. et Aumônier.		Lieutenant et Sous-lieut. et Chirurgien-aide-major.		Chirurgien-sous-aide-m.r	
	Fr.	C.	9e	Fr.	C.	Fr.	C.	9e	Fr.	C.	Fr.	C.	Fr.	C.
1	1	66	6	1	50	1	33	3	=	60	=	40	=	30
2	3	33	3	3	=	2	66	6	1	20	=	80	=	60
3	5	=	=	4	50	4	=	=	1	80	1	20	=	90
4	6	66	6	6	=	5	33	3	2	40	1	60	1	20
5	8	33	3	7	50	6	66	6	3	=	2	=	1	50
6	10	=	=	9	=	8	=	=	3	60	2	40	1	80
7	11	66	6	10	50	9	33	3	4	20	2	80	2	10
8	13	33	3	12	=	10	66	6	4	80	3	20	2	40
9	15	=	=	13	50	12	=	=	5	40	3	60	2	70
10	16	66	6	15	=	13	33	3	6	=	4	=	3	=
11	18	33	3	16	50	14	66	6	6	60	4	40	3	30
12	20	=	=	18	=	16	=	=	7	20	4	80	3	60
13	21	66	6	19	50	17	33	3	7	80	5	20	3	90
14	23	33	3	21	=	18	66	6	8	40	5	60	4	20
15	25	=	=	22	50	20	=	=	9	=	6	=	4	50
16	26	66	6	24	=	21	33	3	9	60	6	40	4	80
17	28	33	3	25	50	22	66	6	10	20	6	80	5	10
18	30	=	=	27	=	24	=	=	10	80	7	20	5	40
19	31	66	6	28	50	25	33	3	11	40	7	60	5	70
20	33	33	3	30	=	26	66	6	12	=	8	=	6	=
21	35	=	=	31	50	28	=	=	12	60	8	40	6	30
22	36	66	6	33	=	29	33	3	13	20	8	80	6	60
23	38	33	3	34	50	30	66	6	13	80	9	20	6	90
24	40	=	=	36	=	32	=	=	14	40	9	60	7	20
25	41	66	6	37	50	33	33	3	15	=	10	=	7	50
26	43	33	3	39	=	34	66	6	15	60	10	40	7	80
27	45	=	=	40	50	36	=	=	16	20	10	80	8	10
28	46	66	6	42	=	37	33	3	16	80	11	20	8	40
29	48	33	3	43	50	38	66	6	17	40	11	60	8	70
30	50	=	=	45	=	40	=	=	18	=	12	=	9	=
31	51	66	6	46	50	41	33	3	18	60	12	40	9	30
32	53	33	3	48	=	42	66	6	19	20	12	80	9	60
33	55	=	=	49	50	44	=	=	19	80	13	20	9	90
34	56	66	6	51	=	45	33	3	20	40	13	60	10	20
35	58	33	3	52	50	46	66	6	21	=	14	=	10	50
36	60	=	=	54	=	48	=	=	21	60	14	40	10	80
37	61	66	6	55	50	49	33	3	22	20	14	80	11	10
38	63	33	3	57	=	50	66	6	22	80	15	20	11	40
39	65	=	=	58	50	52	=	=	23	40	15	60	11	70
40	66	66	6	60	=	53	33	3	24	=	16	=	12	=
41	68	33	3	61	50	54	66	6	24	60	16	40	12	30
42	70	=	=	63	=	56	=	=	25	20	16	80	12	60
43	71	66	6	64	50	57	33	3	25	80	17	20	12	90
44	73	33	3	66	=	58	66	6	26	40	17	60	13	20
45	75	=	=	67	50	60	=	=	27	=	18	=	13	50
46	76	66	6	69	=	61	33	3	27	60	18	40	13	80
47	78	33	3	70	50	62	66	6	28	20	18	80	14	10
48	80	=	=	72	=	64	=	=	28	80	19	20	14	40
49	81	66	6	73	50	65	33	3	29	40	19	60	14	70
50	83	33	3	75	=	66	66	6	30	=	20	=	15	=

INDEMNITÉ DE LOGEMENT.

Nombre de jours.	Colonel.			Lieutenant-Colonel.		Chef de bataillon et Major.			Capitaine, Trésorier, Adjud. major, Chirurg. maj. et Aumônier.		Lieutenant et Sous-lieut. et Chirurgien-aide-major.		Chirurgien-sous-aide-m.r	
	Fr.	C.	9e	Fr.	C.	Fr.	C.	9e	Fr.	C.	Fr.	C.	Fr.	C.
51	85	=	=	76	50	68	=	=	30	60	20	40	15	30
52	86	66	6	78	=	69	33	3	31	20	20	80	15	60
53	88	33	3	79	50	70	66	6	31	80	21	20	15	90
54	90	=	=	81	=	72	=	=	32	40	21	60	16	20
55	91	66	6	82	50	73	33	3	33	=	22	=	16	50
56	93	33	3	84	=	74	66	6	33	60	22	40	16	80
57	95	=	=	85	50	76	=	=	34	20	22	80	17	10
58	96	66	6	87	=	77	33	3	34	80	23	20	17	40
59	98	33	3	88	50	78	66	6	35	40	23	60	17	70
60	100	=	=	90	=	80	=	=	36	=	24	=	18	=
61	101	66	6	91	50	81	33	3	36	60	24	40	18	30
62	103	33	3	93	=	82	66	6	37	20	24	80	18	60
63	105	=	=	94	50	84	=	=	37	80	25	20	18	90
64	106	66	6	96	=	85	33	3	38	40	25	60	19	20
65	108	33	3	97	50	86	66	6	39	=	26	=	19	50
66	110	=	=	99	=	88	=	=	39	60	26	40	19	80
67	111	66	6	100	50	89	33	3	40	20	26	80	20	10
68	113	33	3	102	=	90	66	6	40	80	27	20	20	40
69	115	=	=	103	50	92	=	=	41	40	27	60	20	70
70	116	66	6	105	=	93	33	3	42	=	28	=	21	=
71	118	33	3	106	50	94	66	6	42	60	28	40	21	30
72	120	=	=	108	=	96	=	=	43	20	28	80	21	60
73	121	66	6	109	50	97	33	3	43	80	29	20	21	90
74	123	33	3	111	=	98	66	6	44	40	29	60	22	20
75	125	=	=	112	50	100	=	=	45	=	30	=	22	50
76	126	66	6	114	=	101	33	3	45	60	30	40	22	80
77	128	33	3	115	50	102	66	6	46	20	30	80	23	10
78	130	=	=	117	=	104	=	=	46	80	31	20	23	40
79	131	66	6	118	50	105	33	3	47	40	31	60	23	70
80	133	33	3	120	=	106	66	6	48	=	32	=	24	=
81	135	=	=	121	50	108	=	=	48	60	32	40	24	30
82	136	66	6	123	=	109	33	3	49	20	32	80	24	60
83	138	33	3	124	50	110	66	6	49	80	33	20	24	90
84	140	=	=	126	=	112	=	=	50	40	33	60	25	20
85	141	66	6	127	50	113	33	3	51	=	34	=	25	50
86	143	33	3	129	=	114	66	6	51	60	34	40	25	80
87	145	=	=	130	50	116	=	=	52	20	34	80	26	10
88	146	66	6	132	=	117	33	3	52	80	35	20	26	40
89	148	33	3	133	50	118	66	6	53	40	35	60	26	70
90	150	=	=	135	=	120	=	=	54	=	36	=	27	=
91	151	66	6	136	50	121	33	3	54	60	36	40	27	30
92	153	33	3	138	=	122	66	6	55	20	36	80	27	60
93	155	=	=	139	50	124	=	=	55	80	37	20	27	90
94	156	66	6	141	=	125	33	3	56	40	37	60	28	20
95	158	33	3	142	50	126	66	6	57	=	38	=	28	50
96	160	=	=	144	=	128	=	=	57	60	38	40	28	80
97	161	66	6	145	50	129	33	3	58	20	38	80	29	10
98	163	33	3	147	=	130	66	6	58	80	39	20	29	40
99	165	=	=	148	50	132	=	=	59	40	39	60	29	70
100	166	66	6	150	=	133	33	3	60	=	40	=	30	=

INDEMNITÉ D'AMEUBLEMENT.

Nombre de jours.	Colonel.			Lieutenant-Colonel.		Chef de bataillon et Major.			Capitaine, Trésorier, Adjud. major, Chirurg. maj. et Aumônier.		Lieutenant, et Sous-lieut., et Chirurgien-sous-aide-m.		Chirurgien-sous-aide-m.	
	Fr.	C.	9ᵉ	Fr.	C.	Fr.	C.	9ᵉ	Fr.	C.	Fr.	C.	Fr.	C.
1	=	55	5	=	50	=	44	4	=	30	=	20	=	15
2	1	11	1	1	=	=	88	8	=	60	=	40	=	30
3	1	66	6	1	50	1	33	3	=	90	=	60	=	45
4	2	22	2	2	=	1	77	7	1	20	=	80	=	60
5	2	77	7	2	50	2	22	2	1	50	1	=	=	75
6	3	33	3	3	=	2	66	6	1	80	1	20	=	90
7	3	88	8	3	50	3	11	1	2	10	1	40	1	05
8	4	44	4	4	=	3	55	5	2	40	1	60	1	20
9	5	=	=	4	50	4	=	=	2	70	1	80	1	35
10	5	55	5	5	=	4	44	4	3	=	2	=	1	50
11	6	11	1	5	50	4	88	8	3	30	2	20	1	65
12	6	66	6	6	=	5	33	3	3	60	2	40	1	80
13	7	22	2	6	50	5	77	7	3	90	2	60	1	95
14	7	77	7	7	=	6	22	2	4	20	2	80	2	10
15	8	33	3	7	50	6	66	6	4	50	3	=	2	25
16	8	88	8	8	=	7	11	1	4	80	3	20	2	40
17	9	44	4	8	50	7	55	5	5	10	3	40	2	55
18	10	=	=	9	=	8	=	=	5	40	3	60	2	70
19	10	55	5	9	50	8	44	4	5	70	3	80	2	85
20	11	11	1	10	=	8	88	8	6	=	4	=	3	=
21	11	66	6	10	50	9	33	3	6	30	4	20	3	15
22	12	22	2	11	=	9	77	7	6	60	4	40	3	30
23	12	77	7	11	50	10	22	2	6	90	4	60	3	45
24	13	33	3	12	=	10	66	6	7	20	4	80	3	60
25	13	88	8	12	50	11	11	1	7	50	5	=	3	75
26	14	44	4	13	=	11	55	5	7	80	5	20	3	90
27	15	=	=	13	50	12	=	=	8	10	5	40	4	05
28	15	55	5	14	=	12	44	4	8	40	5	60	4	20
29	16	11	1	14	50	12	88	8	8	70	5	80	4	35
30	16	66	6	15	=	13	33	3	9	=	6	=	4	50
31	17	22	2	15	50	13	77	7	9	30	6	20	4	65
32	17	77	7	16	=	14	22	2	9	60	6	40	4	80
33	18	33	3	16	50	14	66	6	9	90	6	60	4	95
34	18	88	8	17	=	15	11	1	10	20	6	80	5	10
35	19	44	4	17	50	15	55	5	10	50	7	=	5	25
36	20	=	=	18	=	16	=	=	10	80	7	20	5	40
37	20	55	5	18	50	16	44	4	11	10	7	40	5	55
38	21	11	1	19	=	16	88	8	11	40	7	60	5	70
39	21	66	6	19	50	17	33	3	11	70	7	80	5	85
40	22	22	2	20	=	17	77	7	12	=	8	=	6	=
41	22	77	7	20	50	18	22	2	12	30	8	20	6	15
42	23	33	3	21	=	18	66	6	12	60	8	40	6	30
43	23	88	8	21	50	19	11	1	12	90	8	60	6	45
44	24	44	4	22	=	19	55	5	13	20	8	80	6	60
45	25	=	=	22	50	20	=	=	13	50	9	=	6	75
46	25	55	5	23	=	20	44	4	13	80	9	20	6	90
47	26	11	1	23	50	20	88	8	14	10	9	40	7	05
48	26	66	6	24	=	21	33	3	14	40	9	60	7	20
49	27	22	2	24	50	21	77	7	14	70	9	80	7	35
50	27	77	7	25	=	22	22	2	15	=	10	=	7	50

INDEMNITÉ D'AMEUBLEMENT.

Nombre de jours.	Colonel.		Lieutenant-Colonel.		Chef de bataillon et Major.		Capitaine, Trésorier, Adjud. major, Chirurg. maj. et Aumônier.		Lieutenant, Sous-lieuten. et Chirurgien-aide-major.		Chirurgien-sous-aide-m.r	
	Fr.	C. 9°	Fr.	C.	Fr.	C.	Fr.	C.	Fr.	C.	Fr.	C.
51	28	33 3	25	50	22	66 6	15	30	10	20	7	65
52	28	88 8	26	=	23	11 1	15	60	10	40	7	80
53	29	44 4	26	50	23	55 5	15	90	10	60	7	95
54	30	= =	27	=	24	= =	16	20	10	80	8	10
55	30	55 5	27	50	24	44 4	16	50	11	=	8	25
56	31	11 1	28	=	24	88 8	16	80	11	20	8	40
57	31	66 6	28	50	25	33 3	17	10	11	40	8	55
58	32	22 2	29	=	25	77 7	17	40	11	60	8	70
59	32	77 7	29	50	26	22 2	17	70	11	80	8	85
60	33	33 3	30	=	26	66 6	18	=	12	=	9	=
61	33	88 8	30	50	27	11 1	18	30	12	20	9	15
62	34	44 4	31	=	27	55 5	18	60	12	40	9	30
63	35	= =	31	50	28	= =	18	90	12	60	9	45
64	35	55 5	32	=	28	44 4	19	20	12	80	9	60
65	36	11 1	32	50	28	88 8	19	50	13	=	9	75
66	36	66 6	33	=	29	33 3	19	80	13	20	9	90
67	37	22 2	33	50	29	77 7	20	10	13	40	10	05
68	37	77 7	34	=	30	22 2	20	40	13	60	10	20
69	38	33 3	34	50	30	66 6	20	70	13	80	10	35
70	38	88 8	35	=	31	11 1	21	=	14	=	10	50
71	39	44 4	35	50	31	55 5	21	30	14	20	10	65
72	40	= =	36	=	32	= =	21	60	14	40	10	80
73	40	55 5	36	50	32	44 4	21	90	14	60	10	95
74	41	11 1	37	=	32	88 8	22	20	14	80	11	10
75	41	66 6	37	50	33	33 3	22	50	15	=	11	25
76	42	22 2	38	=	33	77 7	22	80	15	20	11	40
77	42	77 7	38	50	34	22 2	23	10	15	40	11	55
78	43	33 3	39	=	34	66 6	23	40	15	60	11	70
79	43	88 8	39	50	35	11 1	23	70	15	80	11	85
80	44	44 4	40	=	35	55 5	24	=	16	=	12	=
81	45	= =	40	50	36	= =	24	30	16	20	12	15
82	45	55 5	41	=	36	44 4	24	60	16	40	12	30
83	46	11 1	41	50	36	88 8	24	90	16	60	12	45
84	46	66 6	42	=	37	33 3	25	20	16	80	12	60
85	47	22 2	42	50	37	77 7	25	50	17	=	12	75
86	47	77 7	43	=	38	22 2	25	80	17	20	12	90
87	48	33 3	43	50	38	66 6	26	10	17	40	13	05
88	48	88 8	44	=	39	11 1	26	40	17	60	13	20
89	49	44 4	44	50	39	55 5	26	70	17	80	13	35
90	50	= =	45	=	40	= =	27	=	18	=	13	50
91	50	55 5	45	50	40	44 4	27	30	18	20	13	65
92	51	11 1	46	=	40	88 8	27	60	18	40	13	80
93	51	66 6	46	50	41	33 3	27	90	18	60	13	95
94	52	22 2	47	=	41	77 7	28	20	18	80	14	10
95	52	77 7	47	50	42	22 2	28	50	19	=	14	25
96	53	33 3	48	=	42	66 6	28	80	19	20	14	40
97	53	88 8	48	50	43	11 1	29	10	19	40	14	55
98	54	44 4	49	=	43	55 5	29	40	19	60	14	70
99	55	= =	49	50	44	= =	29	70	19	80	14	85
100	55	55 5	50	=	44	44 4	30	=	20	=	15	=

INDEMNITÉ D'EMPLACEMENT ET D'AMEUBLEMENT DES BUREAUX DU TRÉSORIER.

Nombre de jours.	EMPLACEMENT.			AMEUBLEMENT.		
	Fr.	C.	9.e	Fr.	C.	9.e
1	=	33	3	=	16	6
2	=	66	6	=	33	3
3	1	00	0	=	50	0
4	1	33	3	=	66	6
5	1	66	6	=	83	3
6	2	00	0	1	00	0
7	2	33	3	1	16	6
8	2	66	6	1	33	3
9	3	00	0	1	50	0
10	3	33	3	1	66	6
11	3	66	6	1	83	3
12	4	00	0	2	00	0
13	4	33	3	2	16	6
14	4	66	6	2	33	3
15	5	00	0	2	50	0
16	5	33	3	2	66	6
17	5	66	6	2	83	3
18	6	00	0	3	00	0
19	6	33	3	3	16	6
20	6	66	6	3	33	3
21	7	00	0	3	50	0
22	7	33	3	3	66	6
23	7	66	6	3	83	3
24	8	00	0	4	00	0
25	8	33	3	4	16	6
26	8	66	6	4	33	3
27	9	00	0	4	50	0
28	9	33	3	4	66	6
29	9	66	6	4	83	3
30	10	00	0	5	00	0
31	10	33	3	5	16	6
32	10	66	6	5	33	3
33	11	00	0	5	50	0
34	11	33	3	5	66	6
35	11	66	6	5	83	3
36	12	00	0	6	00	0
37	12	33	3	6	16	6
38	12	66	6	6	33	3
39	13	00	0	6	50	0
40	13	33	3	6	66	6
41	13	66	6	6	83	3
42	14	00	0	7	00	0
43	14	33	3	7	16	6
44	14	66	6	7	33	3
45	15	00	0	7	50	0
46	15	33	3	7	66	6
47	15	66	6	7	83	3
48	16	00	0	8	00	0
49	16	33	3	8	16	6
50	16	66	6	8	33	3

INDEMNITÉ D'EMPLACEMENT ET D'AMEUBLEMENT DES BUREAUX DU TRÉSORIER.

Nombre de jours.	EMPLACEMENT.			AMEUBLEMENT.		
	Fr.	C.	9.e	Fr.	C.	9.e
51	17	00	0	8	50	0
52	17	33	3	8	66	6
53	17	66	6	8	83	3
54	18	00	0	9	00	0
55	18	33	3	9	16	6
56	18	66	6	9	33	3
57	19	00	0	9	50	0
58	19	33	3	9	66	6
59	19	66	6	9	83	3
60	20	00	0	10	00	0
61	20	33	3	10	16	6
62	20	66	6	10	33	3
63	21	00	0	10	50	0
64	21	33	3	10	66	6
65	21	66	6	10	83	3
66	22	00	0	11	00	0
67	22	33	3	11	16	6
68	22	66	6	11	33	3
69	23	00	0	11	50	0
70	23	33	3	11	66	6
71	23	66	6	11	83	3
72	24	00	0	12	00	0
73	24	33	3	12	16	6
74	24	66	6	12	33	3
75	25	00	0	12	50	0
76	25	33	3	12	66	6
77	25	66	6	12	83	3
78	26	00	0	13	00	0
79	26	33	3	13	16	6
80	26	66	6	13	33	3
81	27	00	0	13	50	0
82	27	33	3	13	66	6
83	27	66	6	13	83	3
84	28	00	0	14	00	0
85	28	33	3	14	16	6
86	28	66	6	14	33	3
87	29	00	0	14	50	0
88	29	33	3	14	66	6
89	29	66	6	14	83	3
90	30	00	0	15	00	0
91	30	33	3	15	16	6
92	30	66	6	15	33	3
93	31	00	0	15	50	0
94	31	33	3	15	66	6
95	31	66	6	15	83	3
96	32	00	0	16	00	0
97	32	33	3	16	16	6
98	32	66	6	16	33	3
99	33	00	0	16	50	0
100	33	33	3	16	66	6

HAUTES-PAIES.

Nombre de jours.	HOMMES de 10 à 15 ans de service (1 chevron).			HOMMES de 15 à 20 ans de service (2 chevrons).			HOMMES de 20 ans et au-dessus (3 chevrons).		
	Fr.	C.	9.ᵉ	Fr.	C.	9.ᵉ	Fr.	C.	9.ᵉ
1	=	03	3	=	05		=	06	6
2	=	06	6	=	10		=	13	3
3	=	10	0	=	15		=	20	0
4	=	13	3	=	20		=	26	6
5	=	16	6	=	25		=	33	3
6	=	20	0	=	30		=	40	0
7	=	23	3	=	35		=	46	6
8	=	26	6	=	40		=	53	3
9	=	30	0	=	45		=	60	0
10	=	33	3	=	50		=	66	6
11	=	36	6	=	55		=	73	3
12	=	40	0	=	60		=	80	0
13	=	43	3	=	65		=	86	6
14	=	46	6	=	70		=	93	3
15	=	50	0	=	75		1	00	0
16	=	53	3	=	80		1	06	6
17	=	56	6	=	85		1	13	3
18	=	60	0	=	90		1	20	0
19	=	63	3	=	95		1	26	6
20	=	66	6	1	00		1	33	3
21	=	70	0	1	05		1	40	0
22	=	73	3	1	10		1	46	6
23	=	76	6	1	15		1	53	3
24	=	80	0	1	20		1	60	0
25	=	83	3	1	25		1	66	6
26	=	86	6	1	30		1	73	3
27	=	90	0	1	35		1	80	0
28	=	93	3	1	40		1	86	6
29	=	96	6	1	45		1	93	3
30	1	00	0	1	50		2	00	0
31	1	03	3	1	55		2	06	6
32	1	06	6	1	60		2	13	3
33	1	10	0	1	65		2	20	0
34	1	13	3	1	70		2	26	6
35	1	16	6	1	75		2	33	3
36	1	20	0	1	80		2	40	0
37	1	23	3	1	85		2	46	6
38	1	26	6	1	90		2	53	3
39	1	30	0	1	95		2	60	0
40	1	33	3	2	00		2	66	6
41	1	36	6	2	05		2	73	3
42	1	40	0	2	10		2	80	0
43	1	43	3	2	15		2	86	6
44	1	46	6	2	20		2	93	3
45	1	50	0	2	25		3	00	0
46	1	53	3	2	30		3	06	6
47	1	56	6	2	35		3	13	3
48	1	60	0	2	40		3	20	0
49	1	63	3	2	45		3	26	6
50	1	66	6	2	50		3	33	3

L

HAUTES-PAIES.

Nombre de jours.	HOMMES de 10 à 15 ans de service (1 chevron).			HOMMES de 15 à 20 ans de service (2 chevrons).		HOMMES de 20 ans et au-dessus (3 chevrons).		
	Fr.	C.	9.e	Fr.	C.	Fr.	C.	9.e
51	1	70	0	2	55	3	40	0
52	1	73	3	2	60	3	46	6
53	1	76	6	2	65	3	53	3
54	1	80	0	2	70	3	60	0
55	1	83	3	2	75	3	66	6
56	1	86	6	2	80	3	73	3
57	1	90	0	2	85	3	80	0
58	1	93	3	2	90	3	86	6
59	1	96	6	2	95	3	93	3
60	2	00	0	3	00	4	00	0
61	2	03	3	3	05	4	06	6
62	2	06	6	3	10	4	13	3
63	2	10	0	3	15	4	20	0
64	2	13	3	3	20	4	26	6
65	2	16	6	3	25	4	33	3
66	2	20	0	3	30	4	40	0
67	2	23	3	3	35	4	46	6
68	2	26	6	3	40	4	53	3
69	2	30	0	3	45	4	60	0
70	2	33	3	3	50	4	66	6
71	2	36	6	3	55	4	73	3
72	2	40	0	3	60	4	80	0
73	2	43	3	3	65	4	86	6
74	2	46	6	3	70	4	93	3
75	2	50	0	3	75	5	00	0
76	2	53	3	3	80	5	06	6
77	2	56	6	3	85	5	13	3
78	2	60	0	3	90	5	20	0
79	2	63	3	3	95	5	26	6
80	2	66	6	4	00	5	33	3
81	2	70	0	4	05	5	40	0
82	2	73	3	4	10	5	46	6
83	2	76	6	4	15	5	53	3
84	2	80	0	4	20	5	60	0
85	2	83	3	4	25	5	66	6
86	2	86	6	4	30	5	73	3
87	2	90	0	4	35	5	80	0
88	2	93	3	4	40	5	86	6
89	2	96	6	4	45	5	93	3
90	3	00	0	4	50	6	00	0
91	3	03	3	4	55	6	06	6
92	3	06	6	4	60	6	13	3
93	3	10	0	4	65	6	20	0
94	3	13	3	4	70	6	26	6
95	3	16	6	4	75	6	33	3
96	3	20	0	4	80	6	40	0
97	3	23	3	4	85	6	46	6
98	3	26	6	4	90	6	53	3
99	3	30	0	4	95	6	60	0
100	3	33	3	5	00	6	66	6

TARIF DES RATIONS DE FOURRAGES,

pour servir au paiement de l'indemnité représentative en argent.

DÉSIGNATION DES GRADES.	NOMBRE DE RATIONS sur le pied		Observations.
	de paix.	de guerre.	
Colonel............	2	3	
Lieutenant-Colonel...	2	3	
Chef de bataillon.....	1	2	
Major.............	1	2	
Aumônier..........	1	1	
Officier de santé......	=	1	

TARIF DE LA RETENUE

A exercer, d'après l'Ordonnance du 24 Janvier 1816, sur les [traite]mens au-dessus de 500 francs.

DÉSIGNATION DES GRADES.	QUOTITE du traitement annuel.	de la retenue par franc.	OBSERVATIONS
Colonel.........	Fr. 6800	C. 11	Dans cette somme de 6800 francs sont les 1800 francs de frais de représe[ntation] qui, d'après la circulaire du 26 Fé[vrier] sont assujettis à la retenue cumul[ée] avec la solde proprement dite.
Lieutenant-colonel	4300	8	En l'absence du Colonel, les 1800 f[rancs] représentation cumulés avec les 43[00] de solde forment la somme de 61[00] est alors passible de la retenue de 11
Chef de bataillon.	3600	7	Dans le cas ci-dessus, la somme cumu[lée] de 5400 francs, la retenue sera de [...] par franc.
Major..........	3600	7	
Adjudant-major..	2000	3	
Trésor. et offic. pay.	1200	2	
Porte-drapeau...	1250	2	
Aumônier........	1800	3	
Chirurg. maj. (jusq. 10 ans de service).	2000	3	
Chirurg. major (de 10 à 20 ans de serv.)	2200	4	
Chirurgien aide-m.'	1500	2	
Chirurg. sous-aide	800	1	
Capit. de 1.re classe	2400	4	
Capit. de 2.e classe	2000	3	
Capit. de 3.e classe	1800	3	
Lieuten. de 1.re cl.	1250	2	
Lieuten. de 2.e cl.	1100	2	
Sous-lieutenant..	1000	1	

www.ingramcontent.com/pod-product-compliance
Lightning Source LLC
Chambersburg PA
CBHW070324100426
42743CB00011B/2542